K-SDT

자극그림을 이용하는 심리검사

| 문명혜 저 |

학지사

머리말

인물화를 이용하여 그것을 그린 아동의 지적 능력의 발달수준을 측정하려면 두 장의 그림(남자상, 여자상)을 그리게 하고, 성격 및 정서적 발달양상을 알려면 다시 아동에게 두 장의 인물화(남자상, 여자상)를 그리게 한다. 즉, 지적 능력과 성격을 파악하기 위해서는 네 장의 인물화를 그리도록 요구해야 한다. 지능을 측정하는 테스트나 성격을 사정하는 인벤토리에 비해 인력 · 비용 · 시간을 절약할 수 있고, 검사의 실시 · 해석에 특별한 지식과 경험이 필요하지 않으며, 보다 실용적이라는 이유로 그동안 DAM, DAP 등이 각광받아 왔다. 그러나 '한두 장의 인물화 또는 자유화를 그리게 한 후에 그 사람의 지능과 성격을 진단할 수 있는 방법이 없을까?' 하는 의문이 저자의 머릿속에서 떠나지 않았다. 만약 그것이 가능하다면 인물화를 이용하는 심리사정법의 유용성과 실용성이 크게 향상될 것이다.

이런저런 생각을 하면서 뉴욕 서점가의 어느 책방에 들렀을 때였다. 너무나 우연히 『인지와 정서를 측정하는 실버 그림검사(*Silver Drawing Test of*

Cognition and Emotion)』라는 제목의 책이 성큼 눈앞에 다가왔다. 목차와 내용 일부를 훑어보는 순간 나는 깜짝 놀라지 않을 수 없었다.

SDT는 세 장의 그림으로 지적 능력과 정서특성을 잴 수 있고 또한 세 장의 그림은 인물화로 제한되어 있지 않고 검사자의 지시에 따라 '예측하여 그리는 그림' '관찰하여 그리는 그림' '상상하여 그리는 그림'을 각각 한 장씩 그리도록 한다는 것을 알게 되었다. '관찰하여' '예측하여' '상상하여' 각각 한 장씩 그림을 그리게 하고 또한 사람뿐만 아니라 동물과 그 밖의 다른 사물을 그리도록 하는 것은 우리가 평소 그림을 그리는 형태와 매우 비슷했다. 더욱이 세 장의 그림으로 인지적 능력과 정서적 특성을 측정하는 일에만 매달리지 않고 치료와 지도에도 활용하고 있었다. Silver는 아동이 그림을 그리는 동안 그들의 심리적 갈등을 해소시키고 안정과 조화를 이루어 주는 치료적 기법으로 SDT를 활용하였고, 또한 치료자가 아동이 그린 그림을 매개로 하여 아동의 언어행동을 지도하는 것을 발달적 또는 지도적 기법이라고 하였다. 요약하면, SDT는 사정적 기법(assessment technique), 치료적 기법(therapeutic technique) 그리고 지도적 기법(developmental technique)으로 사용할 수 있도록 개발되었다. 그런 책을 접할 수 있었다는 것은 너무도 크나큰 행운이요 기회이며 선물이었다고 생각한다.

귀국한 즉시 서둘러 한국판 SDT의 개발에 착수했다. 무려 6년이란 세월을 거치면서 갖은 정성과 노력을 기울였지만 결과는 항상 나의 기대를 충족시켜 주지 못했고 실망과 좌절에 허우적거려야만 했다. 불현듯 이러다가는 아무것도 하지 못할 것이라는 생각이 엄습했다. 수차례 고민에 고민을 거듭한 끝에 일단 그림을 통해 아동의 지적 능력과 정서적 특성을 사정하는 『K-SDT: 자극그림을 이용하는 심리검사』를 1차로 출판하기로 작정했다. 『K-SDT: 자극그림을 이용하는 심리치료기법』과 『K-SDT: 자극그림을 이용하는 개념 및 언어 지도기법』은 추후 계속해서 진행하기로 한다. 세 권으로 된 시리즈를 동시에 출판하려면 앞으로 얼마나 많은 세월을 기다려야 할지 도무지 짐작도 할 수 없기 때문이다. 그림을 이용하는 치료적 기법과 지도적 기법은 그만큼 더 어렵고 복잡하며 시간이 필요할 것 같다.

Silver는 SDT를 초등학교 학생부터 고등학교 학생에 이르기까지 실시할 수 있도록 6~8세 아동과 청소년을 대상으로 규준을 작성하고, 청각장애아를 비롯하여 특수교육 대상 학생들에 관한 많은 데이터를 수집·분석하고 그 결과를 발표했다. 그렇지만 저자의 한국판 K-SDT는 4~12세 아동 500명을 대상으로 하여 규준을 작성한 것이고, 불행히도 아직 특수교육 대상 아동들에 관한 데이터는 구하지 못하였다.

원래 그림을 이용하여 그것을 그린 사람의 지능이나 정서적 발달 정도 및 성격을 진단하는 도구들은 일반적으로 학령 전기인 유아와 초등학교 저학년 아동들을 비롯하여 특수교육 대상 아동 그리고 정신과 환자의 지적 능력 및 정서적 특성을 재는 도구로서 특별히 유용하다고 정평이 나 있다. 그런 시각에서 보면, 앞으로 K-SDT가 좋은 심리검사도구가 되기 위해서는 보완해야 할 작업이 한두 가지가 아니다. 조속한 시일 내에 더 개선·보충하여 사정기법만이라도 보다 완성된 모습을 갖추도록 힘쓸 것을 약속하며, 더불어 이 분야에 관심 있는 여러 학도들의 많은 제언과 소중한 데이터가 있으면 나누어 갖기를 바란다.

무엇보다도 SDT의 원래 연구자인 Silver 박사께 존경을 표하며 이 책이 완성되도록 여러 가지 조언을 해 주신 최진승 교수님과 변창진 교수님께 머리 숙여 감사드린다. 또한 워드 작업과 교정·편집에 참여하고 여러 가지 수고를 아끼지 않았던 최인규, 정진화, 박영수, 조요한 등의 대학원생들에게도 마음속 깊이 감사를 드린다. 그 고마움을 결코 잊지 않을 것이다. 무엇보다 이 책이 유치원, 학원, 초등학교 현장에서 널리, 활발하게 그리고 소중하게 활용된다면 그들의 노고에 보답이 되리라 믿는다. 또 그렇게 되도록 앞으로 계속 이 책의 내용과 체제를 다듬고 정교화하는 데 노력할 것을 약속한다.

끝으로 이 책이 세상에 나오도록 적극 도와주신 학지사 김진환 사장님과 편집부 여러분께도 진심으로 감사드린다.

2010년 1월

문 명 혜

차례

제3장_채점절차

제4장_신뢰도

제5장_타당도

제6장_규 준

제7장_결과해석

부 록

제1장
서론

1. 제작목적
2. 검사구성
3. 근거이론
4. 제작과정

한국판 실버 그림검사(K-SDT)는 Silver가 1981년에 개발한 실버 그림검사(Silver Drawing Test: SDT)를 우리나라 사람에게 실시할 수 있도록 만든 것으로서, 인지능력 및 정서적 특성의 발달수준을 측정하는 그림 심리검사 도구다. 이 측정도구는 지필검사형 테스트나 설문지형의 인벤토리와는 달리 그림을 이용하여 사람의 인지능력과 정서적 특성을 재는 검사이고, Goodenough(1926)의 DAM, Machover(1949)의 DAP, Koch(1952)의 TTT, Buck과 Hammer(1958)의 HTP, Koppitz(1968)의 HFD, Burns와 Kaufman(1970)의 KFD, Burns와 Robert(1987)의 KHTP와 비슷한 성질을 가지고 있다. 다만 DAM은 지능을 재는 검사이고, DAP는 성격을 사정하는 투사법 검사이며, HFD는 인지적 능력과 정서적 특성을 모두 측정하는 검사로서 DAM과 DAP, HFD는 수검자에게 '사람'을 그리게 하고 KHTP는 한 장의 그림에 집, 나무, 사람을 그리도록 요구하여 그 결과를 가지고 지능 또는 정서적 특성을 사정한다.

그에 비해 K-SDT는 수검자에게 각각 세 종류의 그림(예측하여 그리기, 관찰하여 그리기, 상상하여 그리기)을 그리게 한 다음 그것들을 보고 수검자의 인지적 능력과 정서적 특성의 발달수준을 재는 측정도구로서, 특히 상상하여 그리기 하위검사를 실시할 때는 사람, 동물 또는 물건, 장소를 하나씩 그려 놓은 6×11cm 크기의 자극그림카드 50매(혹은 15매)를 나누어 주고 그 가운데서 마음에 드는 2~3매의 그림을 선택하여 하나의 이야기를 만들어 한 장의 그림으로 나타내도록 지시한다. 상상하여 그리기 하위검사는 우리들의 일상생활에서 그림을 그리는 실제 장면과 매우 흡사하여 KHTP와 공통점이 많다. 하지만 KHTP는 정서적 특성만을 사정하고 K-SDT는 인지적 능력과 정서적 특성을 모두 측정하는 도구다.

대부분의 사람들은 낙서를 하듯이 무의식적으로 그림을 그린다. 특별한 경우를 제외하고 장난삼아 그림 그리기를 좋아한다. 그림은 예술이고 동시에 놀이이며 게임이다. 그림도 그리고 또한 그것으로 그린 사람의 인지적 능력과 정서적 특성을 알 수 있다면 그야말로 일석이조의 수확이 아닐 수 없다. Silver의 SDT는 인지적 능력과 정서적 특성을 재는 사정기법(assessment technique)과 심리적 억압 및 갈등을 해소하고 정서적 안정을 되찾도록 도와주는 치료기법(therapeutic technique), 언어적 이해와 개념 발달에 따른 미술표현 발달을 일깨워 주는 지도기법(developmental technique)으로 사용할 수 있게 고안되었다. SDT의 기능은 실로 복합적이다. 인지적 능력과 정서적 특성을 재는 사정기법은 이 측정도구의 세 가지 주요 기능 가운데 한 가지 기능에 불과하다. 이것은 DAM, DAP, HFD, KHTP 등과 구별되는 SDT만이 갖고 있는 특징이다.

'완벽한 지도가 있어야만 길을 떠나는 것은 아니다. 목적도 계획도 그리고 별로 준비도 없이 무작정 출발하고 나면 보고 싶은 곳을 천천히 마음껏

둘러보고 배울 수 있는 여행이 된다.'라는 금언만 믿고 아주 말초적인 내용만 익힌 뒤에 바로 K-SDT를 실시하는 사람들이 적지 않다. 실시와 채점이 비교적 용이하고 비용, 인력, 시간 등이 적게 든다고 하여 충분한 훈련과 경험 그리고 전문적인 슈퍼비전을 받지 않고서 이 측정도구를 마구 사용하면 그것은 윤리적으로 도덕적으로 대단히 무책임한 행위다. '값싼 음식일수록 요리하는 사람의 정성이 가득 담겨 있어야 하고 그래야만 손님들이 많이 모여든다.'는 말에 담긴 뜻을 깊이 되새기면서, 이 측정도구의 사용에 관심이 있다면 K-SDT에 관한 이론적 바탕을 이해하려고 노력해야 한다. 그래서 무엇보다 먼저 이 장에서는 K-SDT의 ① 제작목적, ② 검사구성, ③ 근거이론, ④ 제작과정에 대해 간략히 살펴본다.

1. 제작목적

K-SDT란 1981년에 Silver가 개발한 실버 그림검사(Silver Drawing Test: SDT)를 우리나라의 문화와 사회적 현실에 맞게 수정 · 보완하여 만든 한국판 실버 그림검사(Korean Version of Silver Drawing Test: K-SDT)를 지칭한다. 이 검사는 아동 및 일부 성인들을 대상으로 하여 그들의 인지적 능력(cognitive ability)과 정서적 특성(emotional characteristice)을 측정하기 위한 검사다. 저자가 한국판 SDT를 만들기를 작정한 주된 목적은 시간, 노력, 비용을 별로 들이지 않고 약간의 지식과 경험만 있으면 누구나 실시할 수 있고, 또한 인지적 능력과 정서적 특성을 동시에 사정하는 데 용이하게 사용하는 검사이며, 사정기법만이 아니고 치료기법과 지도기법으로 사용되는 복합적인 다목적적 도구라고 판단되어 그것을 우리나라에서도 쓸 수

있도록 장려하기 위함이었다.

그림을 이용하여 그것을 그린 사람의 상태나 능력을 측정하려고 한 시도는 Leonardo da Vinci(1452~1519)가 그의 제자들이 그린 인물화를 보고 그들의 지적 능력을 평가해 보려는 노력에서 비롯되었다. 그러므로 초기의 인물화 검사는 거의 대부분이 지적 능력을 측정하는 도구였다. 아동이 그린 그림을 가지고 그의 성격적 특성을 설명한 최초의 논문은 영국의 Cooke(1885)에 의해서였고, Ricci(1887)는 이탈리아에서 『아동이 그린 그림을 이용하는 심리학적 해설(L'Aite dei bambini)』이란 책을 출판하였다.

역사적으로 아동화의 체계적 연구는 Barnes(1893)에 의해서 시작되었다. 그는 「아동의 그림 연구(a Study of Children's Drawing)」라는 논문에서 아동들은 말이나 글로 표현하지 않은 혹은 나타내기 어려운 자신의 감정 상태를 그림을 통하여 표현하고 정리하는 과정에서 자신의 내면적 세계를 투사(projection)한다고 주장하였다(Freud, 1894).

아동들은 그림 속에 자신이 몸담고 있는 객관적 현실보다는 자신의 내적 세계라고 할 수 있는 욕구, 흥미, 갈등, 성격 등을 표출할 뿐만 아니라 사고의 내용과 형태를 비롯하여 지적 능력의 수준을 나타낸다. 그러므로 그림을 이용하는 심리검사는 언어표현 및 문자의 사용이 미숙하거나 자유롭지 못한 유아들과 초등학교 저학년 아동 그리고 자신의 감정을 언어로 표현하기를 꺼리거나 의도적으로 다르게 표현하려는 아이들의 지적 및 정서적 상태를 이해하는 데 절실히 필요한 도구다.

인물화나 자유화를 이용하여 그 그림을 그린 사람의 지능이나 성격을 사정하는 방법의 시도는 아주 오래되었다. Goodenough가 DAM(Draw-A-Man)을 표준화하여 수검자의 지능을 측정한 것이 1926년으로, 그것은 공식적으로 인물화를 이용하여 그 그림을 그린 사람의 지적 능력을 진단하는 방법의 효시라고 인정되고 있다. 그 후에 Machover(1949)의 DAP(Draw-A-Person), Koch(1952)의 TTT(The-Tree-Test), Buck과 Hammer(1958)의 HTP(House-Tree Person), Koppitz(1968)가 미국에서 표준화한 HFD(Human-Figure-Drawing), Burns와 Kaufman(1970)의 KFD(Kinetic-Family-Drawing) 등의 검사들이 활발하게 개발되었다. 그중에서 Koppitz의 HFD는 수검자의 지적 수준과 정서적 상태를 모두 측정하려고 했다. 나머지 검사들은 그림을 이용하여 지적 능력을 재는 검사와 성격적 특성을 사정하는 검사가 완전히 별개의 것으로 양분되었다.

우리나라에서는 전용신이 1976년에 DAP의 일부분을 발췌 · 번역하였고, 김태연(1985)은 TTT를, 장연집(1994)은 KFD를, 장연집과 김중술(1995)은 KHTP를 우리말로 번역 · 출판하였다. HFD는 아직 한국에 전혀 소개되지 않았지만 이 검사는 인지적 능력과 정의적 특성의 발달을 동시에 측정할 뿐만 아니라 크레용(색)을 사용하여 인물화를 그릴 수도 있다는 특이한 점이 있다. 그와 같은 일련의 맥락에 착안하여 Silver(1981, 1983)는 SDT를 개발하여 수검자의 인지적 능력과 정서적 특성을 함께 측정하려고 하였다. 인지적 능력과 정서적 특성을 모두 재려고 했다는 점에서 Koppitz의 HFD와 Silver의 SDT는 공통점을 가지고 있다고 볼 수 있다. 환언하면, 그림을 이용하여 그것을 그린 사람의 지적 능력과 성격을 사정하는 검사로 만들었다고 할지라도, DAM처럼 지능을 재는 검사는 오직 지능만 측정하려고 하였고, DAP와 같이 성격적 특성을 사정할 목적으로 개발한 그림 심리검사는 성격적 특성의 측정 · 진단만을 고집했다고 볼 수 있다. 지능과 성격을 동시에 재려고 처음으로 시도한 사람은 Koppitz(1968)라 할 수 있지만 Silver의 SDT도 그림으로 인지적 능력과 정서적 특성을 공히 측정할 수 있게 만들었다고 할 수 있다. SDT는 그림을 이용하여 그 그림을 그린 사람의 심리적 상태를 측정 · 진단하는 기존의 다른 투사법 심리검사와는 달리 네 가지 두드러진 특징을 자랑하고 있다.

첫째, Silver는 SDT를 '발달기법(devlopmental techniques)' '사정기법(assessmental techniques)' '치료기법(theraputic techniques)'이라고 하는 세 가지 기법으로 구성했다. 그는 이 검사로 수검자인 인지적 능력과 정서적 특성을 잴 뿐만 아니라 그림을 사용하여 그것을 그린 사람의 심리적 문제를 치료하려고 하였으며, 또한 그림을 그린 수검자와 함께 그 사람이 그린 그림에 대한 이야기를 나누는 과정에서 언어적 개념의 획득과 표현능력 등과 같은 커뮤니케이션 기술을 지도하는 수단으로도 사용하려고 했다. 그러므로 치료기법은 미술치료에 해당하고 발달기법은 수검자에게 언어지도를 하는 교육방법의 일환으로 해석할 수 있다. 이는 단순히 하나의 심리측정 또는 사정척도일 뿐만 아니라 치료적, 교육적 목적으로 사용되는 복합적이고 다목적적인 도구라는 것을 시사한다. 이와 같은 복합적 도구는 지금까지 개발된 적이 없으므로 SDT는 복합 심리도구의 효시라고 볼 수 있다.

둘째, SDT는 인지적 능력과 정서적 특성을 동시에 측정하는 아주 효율적인 도구다. Goodenough가 개발한 DAM은 수검자에게 두 장의 인물화(남자상, 여자상)를 그리게 하여 그것을 가지고 그 그림을 그린 사람의 지능을 측정하는 도구이고, Machover가 개발한 DAP도 두 장의 인물화(남자상, 여자상)을 그리도록 지시한 다음에 그 두 장의 그림으로 그림을 그린 사람의 성격적 특성을 진단하는 도구다. DAM과 DAP를 사용하여 지능과 성격을 재려면 수검자는 네 장의 그림을 그려야 하는 번거로움이 있지만, SDT에서는 세 장의 그림(예측하여 그린 그림, 관찰하여 그린 그림, 상상하여 그린 그림)을 그리게 하여 지적 능력과 특성을 진단할 수 있으므로 DAM이나

DAP보다 효율적인 검사라고 할 수 있다.

셋째, SDT에서는 수검자에게 예측하여 그리기, 관찰하여 그리기, 상상하여 그리기를 하도록 지시한다. 그러므로 예측(prediction), 관찰(observation), 상상(imagination)이라고 하는 보다 다양한 정신활동을 통하여 그림 표현에 의한 지적 및 정서적 상태를 측정 · 사정하는 검사도구다.

넷째, SDT에서 수검자에게 상상하여 그림을 그리도록 지시할 때 사람, 동물, 물건, 장소 등이 있는 50매(또는 15매)의 자극그림(stimulus drawings)을 제시하고 그중에서 수검자가 마음에 드는 카드를 2~3매 골라 그것들을 서로 연관시켜 하나의 상상적인 이야기를 꾸민 다음 하나의 이야기를 만들어 한 장의 그림으로 나타내도록 한다. 이 검사는 DAM이나 DAP와 같이 오직 사람만 그리도록 요구하는 단조로움에서 탈피하여 사람, 동물, 물건, 장소 등과 같이 보다 폭넓고 일상적인 생활장면을 스스로 선택하여 상상화를 그리게 하는 것으로, 보다 현실에 가깝다는 장점이 있다. 그러므로 SDT에서 상상하여 그린 그림 속에는 수검자의 상상력과 그의 내적 세계가 자연스럽게 많이 투사될 가능성이 높다.

Silver가 표준화한 SDT는 이와 같은 많은 장점을 내포하고 있으며 실제적이고 일상적인 특징을 가지고 있다. 그래서 SDT를 한국의 문화와 사회적 실태에 맞게 고쳐 발전시키면 그림을 이용하여 그것을 그린 사람의 지적 특성을 스크리닝(screening)하고 그에 성격적 특성을 사정하는 데 필요한 측정도구로서 널리 사용되리라고 전망한다. 흔히 지적 능력을 측정하거나 성격특성을 진단하려고 할 때 반드시 심리검사에 대한 해박한 지식과 풍부한 경험 그리고 슈퍼비전을 가진 전문가가 실시해야만 하고, 상당한 비용을 지불해야만 검사받을 수 있는 번거로움이 있었다. 이러한 점을 고려해 볼 때 K-SDT는 3장의 그림만으로도 유치원생, 초등학생, 중학생

혹은 일반 성인을 대상으로 어렵지 않게 그의 지적 능력과 정서적 특성을 측정할 수 있는 좋은 도구라고 할 수 있다.

지금까지 언급한 내용을 요약하면, K-SDT는 간이 지능검사나 성격검사로 대치될 수 있다. 많은 시간과 고가의 비용을 지불해서 실시하는 심리검사만 좋은 검사라고 할 수는 없다. 먼저 K-SDT를 실시하여 수검자의 지적 능력이나 성격특성의 발달에 문제점이 있을지도 모른다는 의심을 갖게 되면, 그때에 비로소 신뢰도와 타당도가 높은 개인검사나 집단검사를 실시하는 것도 하나의 좋은 방법이고, 심리검사에 대한 이론과 경험이 풍부한 전문가에게 심층적인 진단을 의뢰하는 것도 좋은 방법이 될 수 있다. K-SDT를 개발한 목적은 임상적 경험이 얕은 교사나 아직 수련 중에 있는 인턴 또는 시간과 비용에 쫓기는 수검자들에게 편안히 실시할 수 있는 간이 검사를 만들어 이 분야에 이바지하기 위해서다.

2. 검사구성

한국판 실버 그림검사(K-SDT)의 하위척도는 Silver(1981)가 SDT를 만들 때 선정한 검사의 구성과 동일하다. 즉, K-SDT는 인지적 능력(cognitive ability)을 재는 하위척도와 정서적 특성(emotional characteristics)을 측정하는 하위척도로 양분되어 있다.

인지적 능력 하위척도는 다시 '예측하여 그리기 하위척도(predictive drawing scale: PDS)' '관찰하여 그리기 하위척도(drawings by observation scale: DOS)' '상상하여 그리기 하위척도(drawings by imagination scale: DIS)'로 이루어져 있으며 이들 세 하위척도는 각각 0~5점으로 채점하는 3개의 6점

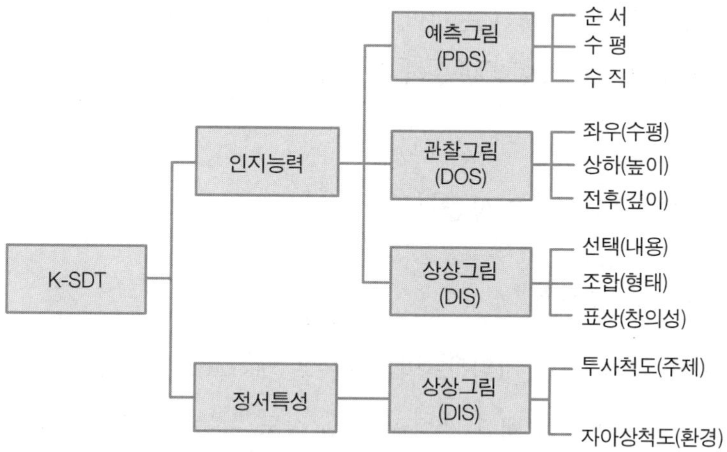

[그림 1-1] K-SDT의 하위척도

평정척도 문항으로 만들어졌다.

예측하여 그리기 하위척도는 순서(sequency), 수평(horizon), 수직(verticality)개념을 재고, 관찰하여 그리기 하위척도는 좌우(left-right), 상하(above-below), 전후(front-back)를 재며, 상상하여 그리기 하위척도는 선택(selection), 조합(combination), 표상(representation)능력을 측정한다. 결과적으로 PDS, DOS, DIS는 그 그림을 그린 사람의 인지적 능력의 여러 측면을 재는 사정척도다.

한편, 정서적 특성을 재는 하위척도는 인지적 능력을 측정할 때에 사용한 상상하여 그리기 DIS를 그대로 사용하되, 측정내용과 채점기준은 인지적 능력 사정척도와 다르다. 그것은 다시 투사척도(projection scale: PS)와 자아상척도(self-image scale: SS)로 나누어지며 투사척도, 자아상척도는 각각 두 개의 5점(1~5점) 평정척도 문항으로 만들어져 있다. 자아상척도는 자기이미지척도로 번역되기도 하지만 이 책에서는 자아상척도로 번역해 두었다. 정리하면, K-SDT는 11개의 문항으로 구성되어 있고 모두 28종의 점수를 제공하는 척도로 만들어져 있다.

1) 인지적 능력을 재는 사정척도

(1) 예측하여 그리기

예측하여 그리기(PDS) 하위척도의 목적은 순서(sequence), 수평(horizontality) 또는 수직(verticality)에 대한 개념이 어느 정도 획득 · 사용되고 있는지를 측정하여 수검자의 인지능력을 재는 데 있다. 수검자로 하여금 〈부록 1〉과 같이 아우트라인(outline)만 그려진 그림에 알맞다고 생각하고 생각하는 선을 그려 넣게 하여 사물의 변화를 순서, 수평 또는 수직을 예측하여 나타내도록 하는 세 개의 하위검사 문항으로 구성되어 있다.

① 순서개념

7개의 유리컵을 나란히 세워 놓고 첫 번째 컵에는 마실 물을 가득 채운 모습이 나타나도록 그렸지만 나머지 6개의 컵은 모두 빈 컵이 그려져 있다. 컵의 물을 조금씩 계속 마셨을 때 컵에 있는 물의 모양이 변해 가는 모습을 6개의 컵에 각각 표시하라고 지시하여 위계적 순서개념(concept of sequential order)이 어느 정도 획득되었는지를 확인한다.

순서 또는 차례를 예측하는 것은 인간의 지능 중 아주 기본적인 사고능력이며 일상생활에서 매우 빈번히 사용되는 주요한 논리적 사고능력이다. 위계적 순서개념을 간단히 줄여서 흔히 순서개념(concept of sequence)이라 하며 선을 그어서 순서개념이 획득 · 사용되고 있는지를 확인하는 검사도구로는 그림이 가장 유용하고 적합하다.

② 수평개념

2개의 병을 그려 놓고 한 병은 지면과 수직이 되게, 다른 한 병은 오른쪽으로 약간 기울어지게 그려 놓은 그림이 있다. 이 그림을 보고 2개의 병에 각각 똑같이 물이 반쯤 들어 있다는 것을 병에 선을 그어서 나타내라고 요구한다. 병에 수평선을 그어야 바른 답이 된다. 이것으로 수평개념(concept of horizontality)이 어느 정도 획득 · 사용되고 있는지를 평가할 수 있다.

③ 수직개념

산이 그려져 있고 집과 나무 그리고 낚시를 하고 있는 사람이 있는 그림이 있다. 이 검사는 산을 그린 그림(×표시가 있는 곳)에 집이나 나무를 하나 그리도록 요구했을 때 어느 정도 지면과 수직이 되도록 나무나 집을 그렸는가를 확인하는 문항이다.

지면과 수직이 되도록 그렸으면 수직의 개념(concept of verticality)이 획득 · 사용되고 있다고 판단한다. 수직개념의 보존 역시 일상생활에서 대단히 중요한 역할을 하는 인간의 인지적 능력으로, 산의 아우트라인과 비슷하게 또는 지면과 나란히 나무나 집을 그렸을 때에는 아직 수직의 개념이 형성되지 않은 상태라고 평가한다.

(2) 관찰하여 그리기

관찰하여 그리기(DOS) 하위척도는 그 그림을 그린 사람의 관찰력을 재는 검사다. 일정한 위치에서 밑면의 크기와 높이가 다른 3개의 원기둥과 1개의 돌을 제시하여 놓고 그 물건들을 보이는 대로 한 장의 종이에 그리도록 요구한다.

수검자가 그린 그림으로 그 그림을 그린 사람의 좌우개념, 상하개념, 전후개념으로 나타난 공간개념이 어느 정도인가를 평가하는 것이 이 하위척도의 중요 목적이다. 다시 3개의 원기둥과 1개의 돌 사이의 공간적 관계에서 좌우, 상하, 전후관계를 포착하여 그림에 나타낸 정도로 그 사람의 공간개념을 측정한다.

관찰하여 그리기 하위척도는 좌우(left-right), 상하(above-below), 전후(front-back)개념의 획득과 활용되고 있는 정도를 확인하는 문항으로 구성되어 있다. 그래서 좌우는 사물 간의 수평관계(horizontal relationships), 상하는 수직관계(vertical relationships), 전후는 깊이관계(relationships in depth)를 검사하는 문항이라고도 할 수 있다.

예측하여 그리기 하위척도는 한 장의 검사지에 3개의 문항이 들어 있고 순서개념, 수평개념, 수직개념을 각각 별도로 측정했지만, 관찰하여 그리기 하위척도는 4개의 사물들을 적당한 공간을 유지하면서 제시하고 그것을 보이는 대로 한 장의 그림으로 나타내도록 한 다음 그 속에 좌우, 상하, 전후관계개념이 어느 정도 표현되었는지를 일괄해서 평가하고 있다는 사실에 주목해야 한다.

① 좌우관계

수검자가 사물(넓이, 높이가 다른 3개의 원기둥과 1개의 돌)을 보고 그것을 그림으로 그릴 때 사물들이 유지하고 있는 좌우 또는 수평의 나타난 정도를 좌우관계라고 한다.

사물들의 좌우관계가 그림에 정확히 표현되어 있지 않으면 그의 공간지각능력은 만족스러운 수준까지 발달하지 못했다고 판단한다. 흔히 이것을 넓이(width)의 개념이라고 부르기도 한다. 만약 돌, 원기둥 간의 거리 또는 간격이 정확하게 그려져 있지 않으면 좌우개념의 발달이 미숙하다고 할 수 있다.

② 상하관계

사물들의 높이가 그림에 반영된 정도를 따지는 것으로 상하관계 또는 수직관계 개념들의 획득과 사용의 정도를 평가하는 문항이다.

3개의 원기둥과 돌의 높낮이가 그림에 나타난 정도를 확인하여 상하관계의 개념이 획득 · 사용되고 있다고 판단한다. 이는 높이(height)의 개념이 그림에 나타난 정도를 평가하는 문항이라고 할 수 있다.

③ 전후관계

그림을 그리는 사람의 위치에서 본 3개의 원기둥과 돌이 배치된 원근관계가 그림에 나타난 정도를 보고 그 사람의 공간능력을 평가하는 것으로 전후 또는 깊이(deepth) 개념의 획득 · 사용 여부를 확인하는 문항이다.

그림에 그려진 사물 간의 원근관계가 표현되지 않았을 때는 공간능력에 있어 아직 전후를 파악하는 능력이 발달되지 않았다는 것을 의미한다.

(3) 상상하여 그리기

상상하여 그리기(DIS) 하위척도는 인지적 능력 가운데 상상력 및 창의력을 재는 척도다. 사람, 동물 또는 사물이 각각 하나씩 그려져 있는 6×11cm 크기의 자극그림카드 50매(또는 15매) 중에서 마음에 드는 2~3매의 그림을 골라 조합한 다음, 하나의 이야기로 만들어 한 장의 그림으로 표현하도록 요구하는 검사다.

이 하위검사는 50매(또는 15매)의 그림에서 수검자가 마음에 드는 그림을 골라잡는 선택능력(ability to select)과, 그것을 가지고 하나의 이야기가 되도록 묶는 조합능력(ability to combination) 그리고 그 이야기를 한 장의 그림으로 그려내는 표상능력(ability to represent)을 측정한다.

선택능력은 그림의 내용(content of a drawing), 조합능력은 그림의 형태구성(form of a drawing), 표상능력은 그림 표현 속의 내용, 형태구성, 창의적 사고능력이 매우 중요하다.

50매(또는 15매)의 그림카드 중 2~3매의 카드를 어떤 것으로 선택하느냐, 그것을 어떻게 하나의 이야기로 엮어 내느냐, 또한 어떤 기발한 아이디어로 변형시켜 내느냐 하는 것은 넓게 보면 모두 창의적인 사고라는 것을 전제로 하고 있다.

① 선택능력: 내용

여기서 선택능력이란 한 장의 상상화를 그리기 위해 50매(또는 15매)의 주어진 자극그림카드 중에서 2~3매의 카드를 어떤 것으로 고르느냐다. 단순히 직관적인 지각(preception)에만 의존해서 선택하는 사람도 있고, 카드에 그려진 그림의 기능(function)을 준거로 하여 선택하는 사람도 있으며, 그림에 담겨 있는 추상적 개념(abstractual concept)을 기준으로 선택하는 사람도 있을 수 있다.

지각을 기준으로 선택한다는 것은 색깔, 형태 등과 같은 것을 기준으로 선택하는 것이고, 사물들이 하는 일(역할) 또는 그 사물들을 가지고 우리들이 할 수 있는 일이나 용도 등을 기준으로 선택하는 것은 기능을 기준으로 하는 선택이고, 추상적인 또는 육안으로 관찰되지 않는 어떤 속성을 기준으로 선택하는 것은 개념을 기준으로 한 선택 또는 유목이라고 할 수 있다.

② 조합능력: 형태

수검자가 선택한 2~3매의 자극그림카드에 있는 사물들을 서로서로 엮어 하나의 이야기를 만들어 한 장의 그림으로 나타낼 때 그 사물들의 공간적 관계 구성을 그림 속에 표현한 정도를 밝히는 하위검사다. 이는 수검자가 그린 그림의 형태를 평가하여 그의 조합능력을 재는 검사로서 그림 속 사물들의 공간적 관계를 근접성(proximity)을 중심으로 표현했느냐, 바닥 또는 지면 등과 같은 기저선(baseline)을 사용하여 외적 참조체제(extemal frame of reference)를 만든 다음 그것을 기준으로 하여 사물 간의 공간관계를 나타내었느냐, 혹은 모든 차원을 고려하여 포괄적 좌표(coordination)개념을 동원하여 사물들의 공간관계를 표현했느냐를 평가한다.

③ 표상능력: 창의성

실제 어떤 사물이 눈앞에 있든 없든 관계없이 감각적 · 지각적으로 파악된 어떤 물건의 모양이나 의미를 파악하는 이미지를 머릿속에 간직하게 되는 것을 표상(representation)이라 하고, 흔히 심상(mental-image)과 같은 의미로 사용된다. 즉, 외계의 상(figure)이 지각이나 기억에 의해 의식세계에 재생된 모습을 의미한다.

많은 수(50매)의 그림에서 일정하게 제한된 수(2~3매)의 그림을 마음대로 골라서 하나의 이야기가 되도록 조합한 다음 그것을 그림으로 표현할 때 그 사람만의 심상이 그 그림에 나타나게 되므로 그것은 바로 그 사람의 독창성이라고 할 수 있다. 여기서 말하는 표상능력이란 상상하여 그리기에 나타나는 그 사람만의 심상 이미지, 즉 그림 속에 나타난 독창성(orginality), 표현력(expressiveness), 유창성(flexibility), 익살(playfulness) 등으로 얽혀지는 창의성(creativity)을 말한다.

2) 정서적 특성을 재는 사정척도

정서적 특성을 잴 때에 사용하는 그림은 상상하여 그리기다. 상상하여 그리기 하위척도는 투사척도(projection scale: PS), 자아상척도(self-image scale: SS)라는 두 가지 하위척도로 구성되어 있고, 수검자가 이들 두 하위척도에서 취득한 점수로 수검자의 정서적 특성을 사정할 수 있다.

정서적 특성을 재는 척도의 근거이론은 그림이지만 그것을 그린 사람의 개인적 욕구, 포부, 소망, 갈등, 느낌, 기분 등이 무의식적으로 표현된다는(Freud, 1821) 투사(projection)의 원리에 입각하여 그림을 보고 그것을 그린 사람의 정서적 상태를 확인 · 사정하는 것이 하위척도의 주요한 기능이다.

정서적 특성을 재기 위한 상상하여 그리기 검사도 인지적 능력을 재는 하위검사인 상상하여 그리기 검사와 동일하다. 50매의 자극그림 중에서 마음에 드는 2~3매의 그림카드를 골라서 한 장의 그림으로 표현하게 하는 검사로서 상상하여 그리기 하위척도는 정서적 특성 중 투사척도와 자아상척도로 이루어져 있다.

① 투사척도: 주제

투사척도(PS)는 그림을 보고 그것을 그린 사람의 정서적 내용(smotional content)을 알아본다. 그림에 표현된 주제(theme) 또는 환상(pantasies)이 얼마나 긍정적이냐 부정적이냐 하는 정도를 재는 척도라고 할 수 있다.

예를 들면, 50매의 자극그림 중에서 수검자가 선택한 그림이 어느 정도 우울하게, 초조하게, 답답하게 표현되어 있는지에 따라 그 그림을 그린 사람의 정서적 불안 상태를 평가한다. 반대로 즐겁고, 기쁘고, 유쾌하거나, 시원한 느낌이 드는 자극그림을 얼마나 선택하고 그것을 그림의 주제로 나타내었는가를 반드시 확인해야 한다.

② 자아상척도: 환경

자아상척도(SS)는 수검자가 자신의 신체적 특징, 능력, 흥미, 성격 등에 대해 스스로 생각하는 모습이 어느 정도 적극적 또는 소극적인가를 확인 · 평가하는 척도다. 그래서 수검자 자신과 자신의 환경(environment)에 대한 수검자의 태도를 사정하는 척도라고 할 수 있다. 환경은 사람, 사물, 사건, 행사, 활동 등이 모두 포함되는 포괄적인 개념이다.

3. 근거이론

DAM처럼 그림을 보고 그것을 그린 아동의 지능지수를 측정하는 검사도 있고, DAP처럼 그림을 보고 그것을 그린 사람의 성격특성을 사정하는 검사도 있으며, 그 외 TTT, HTP, HFD, KFD 등과 같은 유사 그림검사는 일일이 열거할 수 없을 만큼 많아졌다. K-SDT는 검사목적 면에서 보면 DAM과 DAP라고 하는 두 가지 검사를 하나로 통합시킨 검사라 할 수 있다.

물론 검사의 과정이라는 관점에서 보면 DAM과 DAP는 모두 수검자에게 인물화를 그리도록 요구하고 그것을 이용하여 각각 지능지수와 성격특성을 측정하지만, K-SDT는 세 가지 그림(예측하여 그리는 그림, 관찰하여 그리는 그림, 상상하여 그리는 그림)을 그리도록 지시한 다음 그 그림을 분석하여 수검자의 인지적 능력과 정서적 특성의 발달을 평가한다. 그렇다면 세 장의 그림을 그리게 한 다음 그 그림을 이용하여 그것을 그린 사람의 인지적 능력과 정서적 특성을 사정하는 이론적 바탕은 무엇일까?

이 척도를 만든 바탕이 된 원리는 두 가지 측면에서 설명될 수 있다. 다소 중복되는 부분도 있지만 한 측면은 거시적인 시각에서 설명하는 이론적 바탕이고, 다른 한 측면은 미시적인 관점에서 이 측정도구의 이론적 바탕을 제시하는 방법이다.

K-SDT의 이론적 바탕은 자극-반응 결합이론과 투사원리라고 할 수 있다. 자극-반응 결합이론은 그림으로 그것을 그린 사람의 인지능력을 재는 방략을 이론적으로 지원하여 주는 바탕이며, 투사원리는 그림을 이용하여 그것을 그린 사람의 정서적 특성을 사정하는 기법의 타당성을 지지하여 주는 원리로 내세우고 있다. 이는 K-SDT에 내포되어 있는 이론적

바탕을 거시적인 차원에서 설명하는 것이다. K-SDT의 검사구성을 다룰 때에 이미 언급했지만 PDS(순서, 수평, 수직), DOS(좌우, 상하, 전후), DIS(선택, 조합, 표상)는 인지적 능력을 재고, PS(투사)와 SS(자아상)는 정서적 특성을 잰다고 할 수 있는 구체적인 근거를 밝히는 것은 미시적 차원의 설명이다.

K-SDT는 그림을 보고 그것을 그린 사람의 지적 능력을 재려고 한다. 그림을 보고 그것을 그린 사람의 인지적 능력을 측정하기 위해서는 공간지각개념의 획득과 발달이 어느 정도 정확하게 나타났는가를 따지는 수밖에 없다. 이를 인지발달론적 관점에서 풀이하면, 그림 속에 표현된 공간지각개념의 정교성을 척도로 하여 그림을 그린 사람의 인지적 능력을 사정할 수 있다는 것이 K-SDT의 기본 가정이다(Piaget & Inhelder, 1976). 한편, DIS로 PS와 SS를 확인하여 그 그림을 사람의 정서적 특성을 사정할 수 있다는 것은 DAP처럼 투사의 원리를 적용하고 있다.

1) 거시적 설명

Thorndike(1898)의 자극-반응 결합이론에 의하면, 지능은 자극과 반응이 결합(stimulus-response bond)한 수와 그 기능으로 설명된다. 바꾸어 말하면, 외부 또는 내부 자극들을 민감하게 감지하고 그에 적합한 반응을 결합시키는 능력이 지능인 셈이다. 사람에게 인물화나 자유화를 그리도록 지시한 다음 그것을 그린 사람의 심적 상태를 진단하는 방법에는 이론적으로 두 가지 가정이 있다.

첫째, 자극과 반응의 효과적인 결합과 그 수행을 지능으로 간주한다는 가정이다. 이 이론에 의하면, 외부의 자극을 받아들이는 구심성 신경계와 그 자극에 대하여 반응하는 원심성 신경계가 효과적으로 결합 · 활성화되는 사람은 지능이 높은 사람이고 그렇지 못한 사람은 지능이 낮다고 가정할 수 있다. Bender(1938)가 제작한 BGT(Bender Gestalt Test)도 그와 같은 이론적 근거에서 수검자의 지적 발달수준과 정서적 상태를 진단하고 있다. 그는 9매의 자극카드를 1매씩 차례로 수검자에게 제시한 다음 그것들을 한 장의 백지에 그리도록 하고, 그리는 과정과 결과를 면밀히 관찰하여 수검자가 그에게 주어진 그림(자극)을 보고 그것을 백지에 옮겨 그리는 것(반응)을 관찰하여 수검자의 심적 상태를 검사한다.

둘째, 투사(projection)의 원리를 적용한다. 보통 사람들이 그리는 그림 속에는 그의 욕구, 동기, 흥미, 신념, 가치, 원망, 분노 등과 같은 감정과 생각 및 태도 등이 투사된다는 정신분석학적 원리와 해석이다(Freud, 1821). 그러므로 투사의 원리는 그림 속에 그것을 그린 사람의 자아상과 그의 정서적 상태가 반영될 소지가 많다는 주장이다.

그러한 이론과 주장의 이면에는 그림 속에 나타난 주인공이 수검자 자신의 생활이나 경험을 동일시(identification)한다는 것을 전제로 하고, 따라서 그림의 주제에 그의 경험과 욕구가 반영된다는 확신이 있다. 이것이 바로 그림을 이용하여 그것을 그린 사람의 성격을 진단 · 사정하는 바탕이론이 된다.

2) 미시적 설명

미시적 관점에서 보면 Silvler(1981)는 Piaget와 Inhelder(1968), Bruner (1966)의 인지발달이론으로 무장했다. 즉, 그는 그림에 나타난 지각 혹은 공간지각개념을 확인 또는 측정할 수 있다면 그 그림을 그린 사람의 지각 및 공간지각능력을 가장 정확히 알 수 있고 그것은 곧 그 사람의 지적 능력을 가늠하는 지표로 사용할 수 있다고 생각한 것이다. 그러나 K-SDT는 지적 능력을 측정하는 도구로서의 이론적 전제를 구축할 때 Piaget와 Inhelder(1968)의 인지발달이론뿐만 아니라 자극-반응 결합설을 동시에 참작한 것이다.

일반적으로 어린 아동들은 자신의 주변에 있는 사물들을 지각할 때 각각 독립된 하나의 존재로서 인식하지만, 7세 이후에는 그 물건들을 길이나 크기를 기준으로 하여 차례대로 순서를 따져 배열하는 인지능력이 생긴다(Piaget & Inhelder, 1963). 그 후 점진적으로 수평개념이 형성되고 8~9세가 되면 수직개념을 획득하여 일상생활에서 활용할 수 있다. 나이가 어릴 때에는 사물들의 공간적 관계를 의식하지 못하고 모든 사물을 하나씩 따로따로 지각하지만, 차츰 좌우관계(수평)를 인식하고 서서히 상하관계(높이)와 전후관계(깊이)를 지각함으로써 1차원에서 3차원적인 공간관계에 대한 지각이 발달하게 된다. 이는 주변의 사물을 의식하고 사고를 전개해 나가는 데 중요한 기초가 되는 논리적 사고다. 이것이 K-SDT가 DOS에서 측정하는 지적 능력의 바탕이라고도 할 수 있다.

우리의 언어능력은 자신이 표현하고자 하는 문장에 맞는 적당한 낱말을 선택하는 능력에서 시작하고 선택한 단어를 잘 맞추어 자기의 의사를 표현하는 능력으로 발달한다(Jakobson, 1964). 일상생활에서도 선택 및 조합능력은 필요하지만 언어능력의 발달에도 매우 중요한 역할을 한다는 것을 시사한다. 예를 들면, 남의 말이나 글을 이해하는 데 나타나는 장애는 선택능력에 문제가 있고, 자기의 의사를 표현하는 데 어려움을 겪는 사람은 조합능력에 문제가 있다고 할 수 있다.

한편, 주어진 사물에서 어떤 것을 선택하여 어떻게 조합하느냐 하는 것은 그 사람의 표상능력과 밀접한 관계가 있다. 표상능력이라 함은 예컨대 동그라미가 없는데도 그 모양을 머릿속에서 떠올려 말이나 글 또는 그림으로 나타낼 수 있는 능력을 뜻한다. 그러므로 표상능력은 처음에는 모방적이고 수동적이지만 점차 지적이고 추상적으로 활성화된다.

정서적 특성을 재는 사정척도의 이론적 바탕은 오직 거시적인 관점에서만 설명되고 미시적인 설명은 거의 불가능하다. 그림을 보고 그 그림을 그린 사람의 정서적 상태나 성격을 진단 · 사정하는 것은 그림을 그린 사람의 감정, 태도, 사고 등이 그림에 투사되고 그림에 묘사된 주인공과 자신을 동일시한다는 정신분석학적인 설명만이 존재하기 때문이다. Silver는 SDT에서 측정내용과 채점기준을 다르게 보여 주고 있다. DIS 하나로 창의력을 재고 정서적 특성까지 진단하는 데는 다소 미묘한 문제가 제기되리라는 생각이 들지만, 이 부분은 추후 보다 집중적으로 검토 · 논의되어야 한다는 과제를 안고 K-SDT를 만들었다.

4. 제작과정

한국판 Silver 그림검사를 표준화하기 위해서 수검자에게 나누어 줄 테스트 용지인 '예측하여 그리기'(〈부록 1〉), '관찰하여 그리기'(〈부록 2〉), '상상하여 그리기'(〈부록 5〉)를 만들었다. 물론 K-SDT 반응을 채점하는 개인 기록용지(〈부록 8〉)도 제작하였다.

〈부록 1~5〉에는 각각 예측, 관찰, 상상하여 그리기를 그리도록 지시하는 '지시문'이 있고 지시문은 4세 수준의 아동들이 능히 이해할 수 있도록 국문학자들에게 의뢰하여 쉬운 우리말로 충분한 조정을 거쳐 만들었다.

그런 다음 9명의 아동들에게 예비 실시를 하여 지시사항, 검사용지, 채점용지 등을 보완하였으며 채점기준은 Silver(1981, 1983)가 만든 것을 우리말로 정확히 번역하여 사용하였다. 번역된 내용은 유치원과 초등학교 교사들을 비롯하여 임상심리 및 상담심리를 전공하는 대학원생에게 위촉하여, 채점기준을 2~3회 읽으면 혼자서 충분히 채점할 수 있는지 그리고 어떤 부분의 어떤 내용이 문제되는지를 일일이 체크하여 고치도록 하였다.

완전한 한국판 SDT(K-SDT)를 만들기 전에 약 4~5차례 걸쳐 예비조사를 실시하였고 제5차 조사에서 수집한 데이터를 갖고 문항분석(부록 11~13)과 신뢰도 및 타당도를 시험적으로 추정하였다. 문항분석은 11개의 문항 또는 채점기준을 이용하여 채점된 결과를 문항별로 예비조사 대상들이 취득한 점수의 빈도와 변별도를 구하였다. 다소 불충분하고 판단되는 문항도 있었지만 전체적인 패턴을 고려하여 문제 삼지 않기로 하고 Silver가 제안한 검사의 구성과 채점기준을 수정 없이 채택하여 사용하였다.

신뢰도와 타당도는 측정이론의 원칙적인 관점에서 보면 사용이 불가능하다고 판단되는 채점기준과 하위척도가 발견되었지만, 신뢰도 및 타당도 추정에 동원된 인원이 적다는 점을 감안하여 그의 채점방식을 그대로 사용하였다. 신뢰도 및 타당도가 부족하다는 느낌은 있었지만 495명의 아동들이 11개 문항에서 취득한 점수를 주 요인분석을 해서 요인타당도를 추정하였다. 요인타당도는 Siver가 주장한 바와 같이 예측하여 그리기, 관찰하여 그리기, 상상하여 그리기를 실시하고 인지능력과 정서적 특성을 재는 데 전혀 문제가 없으며 그녀의 주장은 지극히 타당하다는 결론을 내릴 수 있었다.

그래서 K-SDT의 점수는 일단 인지능력척도와 정서적 특성 척도로 나누고, 인지능력을 재는 척도는 PDS, DOS, DIS 점수로 나누어 제시하고, 그 3개의 점수를 합하면 인지적 능력의 점수가 되도록 하였으며, 투사척도 점수와 자아상척도 점수는 세분해서 나타내지 않고 오히려 그 두 점수를 정서적 특성의 지표(점수)만을 제시하여 원점수들은 7종의 표준점수로 전환하였다. 표준점수는 M=50, SD=10으로 하는 T점수로 표시했으며 백분위(%ile)도 제시하기로 하였다. 하위척도별로 규정집단이 받은 평균과 표준점수를 보면, 성차가 뚜렷하고 약 12세까지는 남자 아동들에 비해 여자 아동들이 받은 점수가 상대적으로 높았다. 그렇지만 규준을 지역별(대도시, 준도시, 농어촌)로 나누어서 작성하거나 남녀별로 각각 별도의 규준을 작성한다는 것은 오히려 지역 및 성차를 조장한다는 사회적 문제가 제기되므로 지역과 성차를 고려하지 않고 단일 규준을 작성하는 방안을 의도적으로 채택하였다.

제2장

실시방법

1. 준비사항
2. 라포형성
3. 지시사항

K-SDT는 실시요강만 한두 번 읽어 보면 누구나 실시할 수 있는 간편한 검사도구다. K-SDT에서는 수검자의 조건과 검사 실시상황에 맞추어 검사를 실시하는 절차를 바꾸는 것도 허용되고 있다. 지나치게 형식적인 틀에 얽매이지 않고 수검자의 조건과 수검태도 및 실시상황 등과 같은 요인들을 고려하여 검사 실시 절차를 검사자가 바꿀 수 있는 유연성이 보장되어 있다는 것이 K-SDT가 지니고 있는 실시 방법상의 장점이다. 예를 들면, 어린 아동이나 언어장애 또는 학습장애 아동들이 검사자의 설명이나 지시사항을 잘 이해하지 못할 경우, 보다 알아듣기 쉬운 말로 바꾸어도 된다. 예컨대, 팬터마임을 사용하거나 예측하여 그리기 1번 문항 방법을 설명할 때 검사자가 직접 유리컵에 물을 부어서 빨대로 조금씩 마시는 모습을 보여 주면서 설명해도 무방하다는 뜻이다.

그러나 K-SDT 검사 규준을 작성할 때 선정한 규준집단에게 실시한 방법과 같은 요령으로 검사를 실시하는 것을 원칙으로 해야 한다. 만약 표준실시(standardized administration)를 하지 않고 검사자가 제멋대로 실시한다면 그 검사결과가 아무리 정확하게 채점되었다 할지라도 규준표에서 표준점수를 찾아 그것을 수검자나 그 보호자에게 해석해 주는 것은 무의미하다. 모든 일은 첫 단추를 잘 끼워야 하듯이 무엇보다 먼저 검사 실시 방법이 정확하게 설명되고 또한 실시되어야 한다. 검사가 제대로 정확하게 실시되었다는 것을 확인한 다음 비로소 채점자는 해석을 시작해야 한다. 즉, 검사의 정확한 실시는 채점과 해석이 전제조건이며 필수조건이다.

그림을 그릴 종이를 주고, 메뉴얼에 적힌 '지시사항'을 차례로 읽어 준 다음, 수검자가 그린 그림을 회수하면 K-SDT를 성공적으로 실시했다고 믿는 검사자들이 의외로 많다. 전혀 준비가 되지 않은 그리고 어수선한 분위기에서 실시한 검사는 그림 속에 바로 나타난다. 예를 들면, 산만하고 들뜬 분위기나 초조함이 정서적 특성을 재는 척도의 그림에 그대로 반영될 때가 있다. 그리고 수검자의 긴장감을 불러일으키거나 평온하고 따뜻한 느낌을 주지 못한 상태에서 검사가 실시되었다면 정서적 특성뿐만 아니라 인지적 능력의 표현에도 영향을 주어 수검자의 지적 능력에 문제가 있는 것으로 사정되는 경우도 발생한다. 그러므로 검사 실시 절차가 지니고 있는 중요성에 비추어 이 장에서는 K-SDT를 실시함에 있어 요구되는 ① 준비사항, ② 라포형성, ③ 지시사항에 대하여 설명하기로 한다.

준비사항, 라포형성, 지시사항 가운데 어느 것이 더 중요하다고 단언해서 말하기는 어려우나, 검사자는 지시사항을 잘 숙지하고 그것을 수검자가 알기 쉽게 전달하고 지시대로 답하도록(여기서는 그림을 그리도록) 조력하는 것이 가장 핵심적인 부분이라고 할 수 있다. 이를 위해 검사자는 검사의 구성을 잘 파악하고 있어야 한다. 그림을 이용하여 그것을 그린 사람의 인지적 능력과 정서적 특성을 사정하는 K-SDT는 수검자에게

'예측하여 그리기(PDS)' '관찰하여 그리기(DOS)' '상상하여 그리기(DIS)'라는 세 장의 그림을 그리도록 요구한다. 즉, 예측하여 그리는 용지를 나누어 주고, 그리기가 끝나면 용지를 회수하고, 다음으로 관찰하여 그리는 용지를 배부하고 관찰하여 그리기를 지시한다. 그리기가 끝나면 용지를 회수한다. 끝으로 상상하여 그리기 용지를 주고 수검자가 선택한 자극그림카드를 엮어서 만들어 낸 이야기를 그림을 그리도록 하고 용지를 회수한다.

PDS, DOS, DIS를 모두 실시하는 데 소요되는 시간은 대략 12~25분 정도이며 4~18세 아동이나 청년 그리고 신체적 또는 정신적으로 발달장애가 있는 성인에게 적용할 수 있다. 반드시 세 하위척도를 연속해서 한꺼번에 실시해야 하는 것은 아니다. 집중력이 떨어지는 수검자라면 2~3일의 간격을 두고 하루에 한 장씩 그리게 해도 좋고 오전과 오후로 나누어서 실시해도 무방하다. 그리고 반드시 PDS, DOS, DIS 차례로 실시해야 하는 것은 아니다. 그러나 가급적이면 순서를 지켜 실시하는 것이 바람직하다. 왜냐하면 그것은 쉬운 것부터 차츰 어려운 차례로 배열한 것이고 또한 DIS는 자극그림카드를 나누어 주고 그중에서 2~3매를 골라 그림을 그리게 하는 절차가 포함되어 있어 그 하위척도를 미리 실시하면 검사 분위기가 산만하고 어지러워질 위험이 있기 때문이다. 우선 K-SDT의 실시절차에 대해 대략적으로 알아보았으니 이제 구체적인 설명을 하기로 한다.

1. 준비사항

검사를 희망하는 사람이 생기면 검사 실시 전에 검사자가 준비 또는 결정해야 할 일이 있다. 아늑하고 조용한 검사장소와 적당한 높이의 책상과 의자를 마련해야 하며 검사용지, 자극그림카드, 제시자료 모델(관찰하여 그리기 모델), 지우개와 연필 등 물품들도 준비해야 한다. 또한 검사 실시 형태(개인, 집단), 실시 검사종류(A형, B형), 자극그림 카드(50매 혹은 15매) 등도 미리 결정 · 준비해야 한다.

(1) 검사장소

검사를 실시하기에 앞서 검사자는 검사장소를 준비하고 확인 · 정리해야 한다. 가능하면 검사하는 데 방해가 되지 않도록 사람들의 출입이 거의 없고 채광조건도 좋고 통풍도 잘되는 아늑하고 조용한 곳을 검사장소로 선정한다.

(2) 책상 · 의자

수검자에 알맞은 높이의 책상과 의자가 마련되어야 하고 책상의 면은 그림 그리기가 편하게 편평하고 충분히 넓어야 한다. 의자 없이 바닥에 앉아서 그림을 그릴 수 있는 책상 또는 상을 사용해도 무방하다. 수검자가 원할 경우 바닥에 엎드려서 그리게 해도 괜찮다.

(3) 준비물품

수검자 한 명당 세 장의 그림(PDS, DOS, DIS)을 그리도록 하는 K-SDT를 실시하려면 다음과 같은 물품을 빠짐없이 준비해야 한다.

- 검사용지(수검자 1인당 세 장: PDS, DOS, DIS)
- 자극그림카드(A형 또는 B형): 50매 또는 15매
- 관찰하여 그리기의 제시자료 모델: 넓이와 높이가 다른 원기둥 3개와 돌 1개
- 배치도: 관찰해서 그릴 때 제시하는 자극자료 배치도판
- 그림도구: 연필과 지우개

(4) 제시자료 모델

DOS를 실시할 때에 검사자는 수검자들이 보고 그릴 물건들을 제시해야 한다. K-SDT에서는 이것을 제시자료 모델이라고 한다. 제시자료 모델로는 〈부록 4〉에 설명되어 있는 바와 같이 넓이와 높이가 각각 다른 3개의 원기둥(A, B, C)과 1개의 돌을 준비하여야 한다.

- 원기둥 A: 8.2cm(지름)×11.5cm(높이)
- 원기둥 B: 4.0cm(지름)×11.5cm(높이)
- 원기둥 C: 4.5cm(지름)×27.9cm(높이)
- 돌: 5.0cm(가로)×3.0cm(세로)×2.5cm(높이)

(5) 자극그림카드

자극그림카드는 SDT에서 상상하여 그리기 검사를 할 때에 상상화의 자료가 되도록 검사자에게 주는 그림카드를 뜻하며 50매, 15매, 12매의 세 종류가 있다. 50매로 된 자극그림카드를 A형, 15매로 만들어진 것은 B형, 12매로 된 자극그림카드를 C형이라 한다. 그러나 K-SDT에는 A형과 B형

만을 사용한다.

검사자는 검사를 하기 전에 〈부록 6, 7〉에 있는 카드들을 일일이 점선 부분을 따라 절단하여 50매(A형) 또는 15매(B형)의 그림카드를 한 세트씩 수검자에게 배부할 수 있도록 준비해야 한다. 카드를 오릴 때는 점선이 나타나지 않도록 해야 하며 점선이 나타났을 때에는 깨끗이 지워야 한다. 그리고 카드들을 뒤섞어서 제시순서가 일정하지 않도록 무선화해야 한다.

필요한 물품을 챙기는 것도 중요한 일이지만 검사를 실시하기 전에 수검자의 연령, 교육수준, 시설, 검사인원 등과 같은 조건들을 미리 고려하여 구체적인 검사계획을 세워야 한다. 즉, 검사를 하기 전에 검사 실시자는 검사 실시 형태, 자극그림카드의 종류, 수검자에게 요구할 자극그림카드의 수량(2매, 3매) 등을 결정해야 한다.

- 검사 실시 형태: 개인검사/집단검사
- 검사 유형: A형/B형
- 자극그림 선택 수: 2～3매

(6) 검사 실시 형태

수검자가 1명일 때는 자동적으로 개인검사를 하게 되지만 2명 이상이면 집단검사를 실시할 수도 있고 한 사람씩 개인검사를 실시하는 것도 가능하기 때문에 검사자는 어떤 방식으로 검사할 것인가를 미리 정해야 한다. K-SDT는 한 사람의 검사자가 1명의 수검자를 대상으로 실시하는 개인검사(individual administration)를 원칙으로 하지만, 검사자가 충분한 경험과 검사상황에 대한 통제능력을 갖추고 있다면 6～9명 또는 30～40명에게 일제히 실시하는 집단검사(group administration)를 실시해도 무방하다. 단, 이때 다른 사람들이 그림 그리는 것을 서로 보지 못하도록 전후, 좌우로 약 2m 정도의 간격이 유지되도록 해야 한다.

(7) 검사 유형

가능하면 A형을 실시하는 것이 바람직하다. B형은 자극도형의 수가 적어 측정하고자 하는 내용이 그림에 잘 나타나지 않을 때가 많기 때문이다. 즉, 50매의 그림카드에서 3매를 택하여 이야기를 꾸민 다음 상상화를 만들 때에는 상상의 여유가 있지만, 15매 중 2매의 그림카드를 선택하여 하나의 이야기를 엮어 내라고 하면 의외로 제한이 따를 때가 있다.

K-SDT를 집단으로 실시할 경우 수검자마다 한 자루의 연필과 지우개를 나누어 줄 수 있도록 미리 준비한다. 지우개 달린 연필이 없을 때는 연필과 지우개를 각각 별도로 나누어 준다. 검사를 실시할 때 검사자는 지우개 사용을 장려해서도 안 되며 말려서도 안 된다. 지우개 사용은 상상하여 그리기 검사에서 유용한 정보를 제공하며 점수에도 영향을 미치는 기준이기 때문에 지우개의 사용 여부는 수검자가 자신의 의지에 의해서 결정하도록 맡겨 두고 검사자는 일절 간섭하지 않는 것이 바람직하다.

PDS, DOS, DIS를 그리도록 지시할 때 한 사람의 수검자에게 각각 한 장씩 배부할 수 있도록 '예측하여 그리기'(〈부록 1〉 참조), '관찰하여 그리기'(〈부록 2〉), '상상하여 그리기'(〈부록 5〉 참조) 검사용지를 복사해 놓아야 한다. 한꺼번에 이들 3장의 용지를 나누어 주지 말고 PDS, DOS, DIS를 그릴 때마다 해당하는 용지를 나누어 준다. 예컨대, PDS가 끝나면 그 그림용지를 회수한 다음 DOS 용지를 배부하고, DOS가 끝나면 그 그림용지를 회수한 다음 DIS 용지를 줄 수 있도록 미리 준비해야 한다.

관찰하여 그리기를 실시할 때는 수검자들이 보고 그릴 물건을 미리 준비하여야 하며 1개의 돌과 높이와 밑면이 각각 다른 3개의 원기둥을 준비하여 배치한다(〈부록 3, 4〉 참조). 전체 배치도는 종이 크기를 B4(257×364mm)로 확대 · 복사하여 사용하여야 한다.

그리고 '상상하여 그리기(DIS)'를 지시할 때는 사전에 〈부록 6, 7〉에 있는 '자극카드(stimulus cards)'를 준비해야 한다. 자극카드란 DIS를 그릴 때 동기유발을 도와주는 그림카드로 수검자의 마음에 드는 카드 2~3매를 선택하여 그리도록 하는 것이다.

Silver(1981)는 원래 자극카드를 50매로 구성하였고 그 크기는 약 6×11cm가 되도록 했으며 카드에 실린 내용은 사람(17매), 동물(11매), 물건(11매), 장소(11매)로 했다. 그 후(1983) 그는 자극카드의 수가 너무 많다는 것을 인식하고 과감하게 축소하여 B형과 C형으로 만들었다. B형 자극카드는 사람(5매), 동물(5매), 물건(5매)으로 하고 장소는 제외시켰고, C형에서는 사람(4매), 동물(4매), 장소(4매)로 하고 물건은 포함시키지 않았다. 결과적으로 A형 자극카드는 50매, B형 자극카드는 15매로, C형 자극카드는 12매로 하였다. 그러나 K-SDT에서는 자극카드의 크기를 6×11cm로 하고 A형은 Silver가 한 것과 같이 사람(17매), 동물(11매), 장소(11매), 물건(11매) 등 모두 50매로 하고, B형은 사람(5매), 동물(5매), 물건(5매) 등 모두 15매로 했다. 자세한 자극그림카드의 내용과 수는 〈부록 6, 7〉에 실려 있다. 상상력이 부족한 수검자의 상상을 촉진하기 위해서는 카드 수가 많은 것을 사용하는 것이 좋고, 상상력의 폭이 극히 제한되어 있는 사람에게는 B형을 사용하는 것이 바람직하다. 수검자의 특성을 면밀히 검토하고자 한다면 A형 자극카드를 사용할 것인지 B형 자극카드를 사용할 것인지 잘 결정해야 한다. 비록 〈부록 6, 7〉에는 편의상 자극카드를 한꺼번에 인쇄해 두었지만 검사를 실시할 때는 점선 부분을 따라 그림을 절단하여 6×11cm 크기의 그림 15매(B형) 또는 50매(A형)를 따로따로 수검자에게 나누어 줄 수 있도록 사전에 준비해야 한다.

2. 라포형성

검사장소와 검사에 대한 모든 준비물이 갖추어지고 검사 실시의 지시사항을 완전히 외웠다고 해서 검사를 잘 실시할 수 있는 것은 아니다. 무엇보다 먼저 검사자와 수검자 간의 라포(rapport)가 형성되어야 한다. 라포란 인간관계에 있어서 친근감과 신뢰감을 지칭하는 심리적 융합을 의미한다. 최근에는 이 개념을 작업동맹(work alliance)이라고 부르기도 한다. 특히 정신치료, 상담, 사회복지 등과 같은 분야에서 인간관계를 형성·유지하는 것의 바탕으로서 라포형성 또는 작업동맹에 각별한 관심을 기울이고 있다. 예컨대, 상담분야에서는 카운슬러와 클라이언트 간에 라포가 형성되지 않으면 상담이 성공적으로 이루어질 수 없다고 주장한다. 그와 마찬가지로 심리검사에도 검사자와 수검사 간에 인간적인 친밀감과 신뢰감이 형성되지 않으면 검사결과에 대한 신뢰도와 타당도를 인정하기 어렵다.

심리검사 장면에서 라포가 형성되지 않았을 때 검사점수가 부당하게 저하된다는 사례들이 보고되고 있다. 그중에서 Anastasi와 Urbina(1997)의 보고를 소개하면, 성격이 경직되고 원칙적이며 다소 딱딱한 느낌을 주는 심리학 전공 대학원생이 16세 고등학교 학생에게 실시·채점한 WISC-R의 지능지수는 98로 나왔다. 슈퍼바이저가 이상하게 생각하여 심리검사에 대해서 지식과 경험이 풍부하고 성격이 온화하고 모든 사람에게 친밀감을 느끼게 하는 인상을 가진 대학원생에게 재검사를 지시했더니 그 학생의 지능지수는 116으로 추정되어 무려 18점의 차이가 나타났다. 수검자를 심층면접한 결과 처음 검사를 받을 때 그는 검사자가 아주 무섭게 보이고 매우 엄격하게 다루어서 정서적으로 불안했으며 전혀 안정이 되지 않아 최선을 다하여 검사받지 못했다고 실토했다고 한다. 반대로 검사자가 지나치게 친절하여 답을 암시하거나 심지어는 답을 알려 주어서 검사득점이 턱없이 높게 나오는 경우도 간혹 있다. 이것도 라포가 제대로 형성되지 않고 왜곡된 상태임을 암시한다.

그러므로 수검자는 K-SDT를 실시할 때에 라포를 형성하기 위하여 최선의 노력을 기울여야 한다. 라포형성이야말로 검사 실시의 선행조건이기도 하다. 검사를 성공적으로 그리고 효과적으로 실시하기 위하여 라포를 형성하는 방법은 아주 다양하고 또한 상황과 조건에 따라 임기응변적인 측면도 있다. 여기서는 검사 실시에 필요한 안정적이고 격려하는 분위기를 형성하는 데 도움이 되는 기초적이며 공통적인 상황만을 간추려서 소개하기로 한다.

- 검사자는 수검자를 대할 때 무엇보다 먼저 개인적 또는 인간적 커뮤니케이션을 시도해야 한다. 미리 수검자의 이름을 외워 두었다가 그를 보는 순간 이름을 부르는 것도 인간적으로 대하는 하나의 방략이 될 수 있다.
- 검사장에 들어가기 전에 혹은 검사를 실시하기 전에 얼굴 모습, 옷차림, 날씨, 검사장에 올 때까지의 교통상황 등에 대한 사적인 이야기를 나누어 개인적인 친밀감을 돈독히 하는 것도 좋은 방법이다.

- 악수를 한다거나, 어깨에 손을 올리거나, 머리를 쓰다듬는 것과 같이 친근감을 나타내는 신체적인 접촉도 라포형성에 도움이 되는 방법이다.
- 유리병에 사탕이나 초콜릿 등을 미리 준비하여 두었다가 한두 개를 주고 그것을 먹는 동안 여러 가지 사적인 이야기를 나누는 것도 도움이 된다.
- 일단 기초적인 라포가 형성되었다고 판단되면 수검자의 의사를 존중하여 "검사를 받을 준비가 되었어요?" 또는 "이제 검사를 받으러 갈까요?"라고 물어야 하는데, K-SDT 검사 시에는 검사라는 말 대신에 "이제 그림 한번 그려 볼까요?"라는 표현을 사용하는 것이 수검자의 부담을 덜어 주어서 좋다.
- 검사를 실시하기 직전에 '검사를 하는' 혹은 '그림을 그리는' 목적을 알기 쉽게 간단히 설명하는 것도 수검태도 및 라포형성에 도움이 된다. 그러나 수검자에게 그림 그리기가 곧 지능 및 정서적 특징을 측정하기 위한 것임을 알려 주는 것이 검사에 오히려 방해가 된다고 판단될 경우에는 통고하지 않는 것이 좋다.

3. 지시사항

이미 설명한 바와 같이 예측하여 그리기(PDS), 관찰하여 그리기(DOS), 상상하여 그리기(DIS)는 각각 수검자에게 나누어 주는 용지도 다르고 지시사항도 상이하며 그 절차도 판이하기 때문에 ① 예측하여 그리기의 지시사항, ② 관찰하여 그리기의 지시사항, ③ 상상하여 그리기의 지시사항으로 나누어서 설명하기로 한다.

1) 예측하여 그리기의 지시사항

대부분의 수검자들은 PDS에 있는 지시사항을 읽어 보면 예측하여 그리기를 어떻게 하는지 충분히 이해할 수 있을 것이다. 그러나 연령과 발달수준에 비추어 수검자가 지시사항을 읽는 데 어려움이 있다고 판단되면 검사자가 수검자에게 방법과 절차를 따로 말로 설명해야 한다.

더 자세히 설명하자면, 지우개와 연필 그리고 PDS 용지(〈부록 1〉 참조)를 나누어 준 후에 PDS 표지에 있는 성명, 연령, 남녀 등과 같은 인적사항을 기록하게 하고 그 밑에 수검자가 이 검사를 받게 된 배경 또는 이유와 검사를 실시하는 동안 관찰된 수검태도 및 특기사항을 적는다. 인적사항을 기록하기 어려운 정도의 수준이라고 판단되는 경우에는 검사 실시자가 대신 기록한다. 검사자는 수검자에게 PDS용지의 1번 문항을 위해 다음과 같이 지시한다.

> (첫 번째 컵을 가리키면서) “여기에(이 컵에) 콜라가 들어 있다고 생각합시다.
> 당신(ㅇ ㅇ가 혹은 네가)이 콜라를 몇 모금 마셨다고 상상합시다.
> 그리고 계속해서 조금씩 마셨다고 마음속으로 그려 봅시다.
> 유리컵에 선을 그어서 맨 처음에 조금 마시다가 약간 더 마시고, 또 약간 더 마시고 해서 모두 마실 때까지의 모습을 그림으로 나타낼 수 있겠지요?
> 자, 그럼 그 과정을 6개의 컵에 그림으로 그려 보세요!”

만약 수검자가 지시사항을 이해하기 어려워하면 빨대를 이용하여 직접 동작으로 보여 주어도 무방하다. 이 경우 선이 어디에 그려져야 하는지를 암시하는 제스처(몸짓 또는 손짓)를 보여 주어서는 안 된다. 수화를 사용한다면 수화의 원칙 혹은 필요에 따라 설명내용과 방법을 다소 바꾸어도 된다.

이번에는 PDS 용지의 2번 문항에 있는 그림을 손으로 가리키면서 검사자는 다음과 같이 수검자에게 지시한다.

(두 개의 유리병 그림을 가리키며)
"다음과 같은 2개의 병에 각각 물이 반쯤 채워졌다고 생각합시다.
병에 물이 반쯤 들어 있다는 것을 그림으로 어떻게 나타낼 수 있을까요?
그것을 2개의 병 그림에 선으로 나타내어 보세요!"

2번 문항을 완전히 이해하고 그림 그리기를 완료한 것을 확인하면 검사자는 수검자에게 다음과 같이 3번 문항을 지시한다.

(3번 문항에 있는 그림을 가리키며)
"여기 집과 나무가 있는 산과 낚시하는 사람 그림이 있어요.
만약 산꼭대기에 있는 집과 나무를 다음 그림의 ×표가 있는 자리에 세운다고 상상해 보세요. 그때 집이 어떻게 그려질지 그림으로 나타내어 보세요.
반드시 ×표가 있는 자리에 그려야 합니다.
자, 그럼 그림을 그려 보세요."

이상과 같이 예측하여 그리기의 하위검사 세 가지가 다 끝나면 PDS 용지를 완전히 회수한다.

2) 관찰하여 그리기의 지시사항

이미 지적한 바와 같이 관찰하여 그리기를 지시할 때는 먼저 검사자가 준비한 1개의 돌과 3개의 원기둥을 〈부록 4〉와 같이 배열한 다음 DOS 용지를 나누어 준다. 돌과 3개의 원기둥을 배치하는 요령은 〈부록 4〉를 보면 잘 알 수 있겠지만, 원기둥 1이 가장 넓고 원기둥 4가 가장 높다. 원기둥 2는 앞으로 나와 있어야 하고 돌 3은 원기둥 2와 원기둥 4 사이의 뒤에 있어야 한다. 검사자는 배치하는 위치가 틀리지 않도록 각별히 주의해야 한다. 그런 다음 관찰하여 그리기 용지 DOS를 배부하고 다음과 같이 지시한다.

> "어떤 물건들을 있는 그대로 또는 보이는 그대로 그려 본 적이 있지요?
> 이번에는 이 탁자 위의 종이에 놓여 있는 돌과 원기둥을 보이는 대로 그려야 할 차례입니다.
> 그것들을 자세히 잘 보고 방금 나누어 준 용지에 그려 볼 차례입니다.
> 있는 그대로 또는 보이는 그대로 그리면 됩니다. 그러므로 조금도 어려워하지 말고 이 물건들이 (탁자 위에 배열된 돌과 원기둥을 지시하면서) 보이는 대로 그려 봅시다. 어떻게 그리는지 잘 아시겠지요? 자, 그리기를 시작합시다."

만약 수검자들이 나누어 준 DOS 용지를 가로 또는 세로로 세워서 그려도 되는지를 물으면 어느 쪽으로 그려도 무방하다는 것을 강조하고, 가능하면 돌과 원기둥이 배치된 레이아웃 종이가 넓게 펼쳐져 있어 용지를 가로로(짧은 쪽을 세우고 넓은 쪽을 눕히는) 하여 그리도록 권장하는 것이 바람직하다.

이 경우 원기둥과 돌을 수검자에게 나누어 준 종이(〈부록 2-1〉 참조)에 그리게 한다. 이때 눈보다 낮은 위치에 사물을 놓아 레이아웃 종이가 평면으로 보이도록 하고 그 종이까지 그리도록 한다(만약 물체의 높이가 눈과 같거나 높은 경우의 깊이 개념을 관찰하면 레이아웃 종이는 선으로 보인다.). 수검자의 수가 많을 때는 좁고 긴 테이블의 양쪽 끝에 원기둥을 두고 의자를 반대편 줄에 두는 식으로 사용하면 유용하게 사용할 수 있다. 또한 검사를 시작하기 전에 반대편 끝에서도 잘 보이는지 점검한다.

관찰하여 그리기 그림이 완성되면 수검자에게 나누어 준 DOS 용지를 즉시 회수하고, 상상하여 그리기 그림을 그릴 때 필요한 자극카드(〈부록 6〉 또는 〈부록 7 참조〉)를 나누어 준다.

3) 상상하여 그리기의 지시사항

관찰하여 그리기 그림(DOS)을 회수한 다음 자극그림카드를 수검자에게 나누어 준다. 검사자는 50매로 구성된 카드(A형)와 15매로 구성된 카드(B형) 중에서 어느 것을 사용할 것인지 미리 결정해야 한다. 만약 상상력과 성격 사정에 역점을 둔다면 A형 자극카드를 사용하는 것이 바람직하고 주로 지적 능력의 측정에 중점을 둔다면 B형 자극카드를 사용하는 것이 바람직하다. A형 자극카드는 B형 자극카드에 비해 카드 수가 많다는 단점이 지적되고 있으나 상상력을 자극하기에는 더 좋은 도구이기 때문이다.

50매(A형) 또는 15매(B형) 카드를 수검자에게 주고 그중 2~3매의 카드를 골라서 그것을 상상하여 그리기 용지(DIS)에 그리도록 지시한다. 검사자는 수검자가 선택하지 않은 나머지 카드는 즉시 회수함으로써 그림을 그릴 때 영향이 미치지 않도록 사전에 조치해야 한다. 남은 자극카드를 회수한 다음 상상하여 그리기 용지(〈부록 5〉 참조)를 수검자에게 배부한다.

검사자에게 지시할 때 2~3매의 자극카드를 자유롭게 선택하도록 지시하는 것도 가능하지만, 검사자가 미리 2장 또는 3장의 자극카드 매수를 결정하여 지시하는 것도 좋다. 자유롭게 선택하도록 지시하면 상상력과 호기심이 풍부한 수검자는 3매를 고를 것이고 그렇지 않은 수검자는 1~2매를 고를 수도 있다. 자극카드의 선택 매수를 수검자에게 일임하면 검사결과를 해석하는 데 어려움이 생기게 마련이므로 수검자의 연령과 성격 및 지적 수준을 고려하여 2매 또는 3매를 고르도록 획일적으로 지시하는 방법이 바람직하다.

K-SDT에서는 50매의 자극카드(A형)를 사용할 때는 그중 3매를 선정하도록 수검자에게 지시하고 15매의 자극카드(B형)를 사용할 경우에는 그중 2매의 카드를 선택하도록 지시하는 것을 원칙으로 한다. A형 자극카드에서는 선택할 것이 많고 B형 자극카드에서는 수검자가 고를 수 있는 수가 극히 제한되어 있기 때문이다.

"방금 나누어 준 그림카드에는 사람, 동물, 물건 또는 장소를 그린 50매(혹은 15매)의 그림들이 있습니다. 그중에서 가장 자신의 마음에 드는 것이 있습니까?

자, 이제 그중 3매(또는 2매, 자극카드가 15매인 경우)를 고르세요.

그 카드의 그림들 사이에 어떤 일이 벌어졌다고 상상해 보세요.

자신이 선택한 2~3매의 카드를 가지고 하나의 이야기를 만들면 됩니다.

원한다면 원래의 그림을 조금씩 수정하거나 다른 것들을 더 첨가하여 하나의 이야기를 만들어 그것을 한 장의 그림으로 나타내면 더욱 좋습니다.

자극그림을 이용하여 얼마만큼 많은 상상력을 나타내며, 또한 얼마만큼

재미있는 이야기를 풍부하게 만들어 내는가를 알아보고자 합니다.
그림 속에 '자기 자신을 포함시켜 그리면 더욱 좋겠습니다.'
자, 그럼 상상하여 그리기 그림을 그려 볼까요.
그림을 그리는 데 주어지는 시간은 약 20분입니다.
시간 내에 다 그리도록 노력하세요."

만약 수검자가 자극카드를 그대로 베끼거나, 검사자의 설명을 잘못 알아듣고 상상력을 동원하여 이야기를 만들지 않고 있다고 생각되는 경우 외에는 어떤 제재나 간섭을 하지 않는 것을 원칙으로 한다. 그림 그리기를 시작한 후 약 20분이 경과되어도 아직 그리고 있는 사람들이 있으면 빨리 마무리하라고 격려 지시한다.

DIS 그림 그리기가 끝이 나면 그림에 반영된 수검자의 상상을 그림 아래 공간에 제목과 함께 이야기를 만들어 말 또는 글로 나타내도록 지시한다.

"각자 자유롭게 상상하여 그리기 그림을 완성했지요? 이제 그 그림에 대한 제목을 붙여 보겠습니다. (그림 아래 공간 부분을 손으로 가리키면서) 여기에 적도록 합시다.
제목을 다 적었으면 그다음에는 그 그림 속에 담긴 이야기를 글(또는 말로)로 이 자리(제목 아래 부분을 손으로 지적하면서)에 적어 넣으면 됩니다.
어려워하지 말고 가벼운 마음으로 간단히 적도록 하세요.

수검자의 문자사용이 능통하고 자유로울 때는 DIS를 사용하여 글로 표현하도록 하면 된다. 그렇지만 수검자의 나이가 어리고 문자 표현력이 충분히 발달되지 않았을 때는 구두로 면접하고 수검자가 말로 답한 내용을 검사자가 대신 기록하는 방식을 채택해야 한다.

그런 다음 가능하면 검사자는 수검자와 직접 개별면담하여 다음과 같은 다섯 가지 사항을 확인한다.

① 당신(○ ○가 또는 네가)이 그린 그림 속의 주인공(사람, 동물, 물건 또는 장소)은 지금 무엇을 하고 있으며 혹은 어떤 사건이 벌어지고 있는지요?
그것에 대해 제목을 붙이면 어떤 것이 가장 적합할까요?
② 그들은 각각 지금 무슨 생각을 하고 있습니까?
③ 지금 그들이 느끼고 있는 기분은 어떤 기분일까요?
④ 이 일(그림에 그린 이야기)이 일어나기 전에 무슨 일이 일어났을까요?
다시 말하면 그림에서 발생한 사건의 원인은 무엇일까요?
⑤ 앞으로는 이 그림의 내용은 어떻게 전개될 것 같아요?

이는 K-SDT가 측정하는 인지능력 중 상상력과 정서적 특성을 채점하는 데 필요불가결한 항목이므로 만약 수검자의 독해능력이나 문자표현능력이 미숙하다고 판단될 때는 검사자가 수검자를 면담하여 그가 말한 내용을 반드시 DIS 용지에 기록하여야 하며, 집단검사를 실시했거나 수검자의 언어능력 수준에 문제가 없을 때에는 수검자가 직접 DIS 용지에 기록하도록 해야 한다.

제3장 채점절차

1. 인지적 능력 사정척도 득점의 채점
2. 정서적 특성 사정척도 득점의 채점

일반적으로 심리검사들은 실시요강만 한두 번 꼼꼼히 읽어 보면 비록 미숙한 상태라고 할지라도 일단 검사를 실시할 수 있다. K-SDT도 검사 실시는 비교적 쉽고 간편하지만 해석은 만만치 않다. 검사의 결과를 채점할 때 채점자의 주관이 개입되지 않도록 철저한 훈련과 풍부한 경험이 필요하기 때문이다. 매우 조작적으로 진술된 채점기준과 다양한 예시가 제시되어 있지만, 5~6점 척도로 평정하는 총 11개의 문항 또는 평정항목과 세 가지 그림 속에 나타난 표현으로 그 그림을 그린 사람의 인지적 능력과 정서적 특성을 사정하는 K-SDT의 실시결과를 정확히 채점하기 위해서는 매우 세심한 주의가 필요하다. 동일한 답안이라면 누가, 언제, 어디서 채점해도 채점절차와 결과가 똑같도록 하기 위하여 표준채점절차(standardized scoring procedures)가 이루어져야 한다. 심리검사 전문가들은 늘 슈퍼비전(supervision)을 받고 케이스컨퍼런스(case-conference)와 워크숍에도 열심히 참가하여 채점에 관한 지식과 기술을 끊임없이 연마한다.

채점을 정확히 하려면 검사 또는 측정도구의 구성과 채점기준에 대한 정확한 이해가 필수적이다. 서론에서 K-SDT의 구성을 비교적 상세하게 설명했지만 다시 한 번 간략히 언급하기로 한다. 이 측정도구의 하위검사는 인지능력을 재는 하위척도와 정서적 특성을 측정하는 하위척도로 양분되어 있다. 인지적 능력 하위척도는 다시 예측하여 그리기 하위척도(PDS), 관찰하여 그리기 하위척도(DOS), 상상하여 그리기 하위척도(DIS)로 구성되어 있고 이들 세 하위척도에는 각각 6점 척도로 평정하는 3개의 문항이 있다. 예측하여 그리기에서는 순서, 수평, 수직의 개념이 획득되었는지를 측정하고, 관찰하여 그리기에서는 사물 간의 좌우관계(수평), 상하관계(수직), 전후관계(깊이)에 대한 지각능력을 측정하며, 상상하여 그리기에서는 자극그림들의 선택, 조합, 표상하는 능력을 0~5점까지 6점 척도로 채점한다.

정서적 특성을 재는 척도에는 투사 하위척도(PS)와 자아상 하위척도(SS)가 포함되어 있다. 자아상 하위척도는 인지능력 측정에서 상상력을 잴 때도 DIS의 점수를 이용하고 정서적 특성을 잴 때도 DIS를 사용하기 때문에 상상하여 그리기 그림을 그리는 척도의 구성은 자칫 잘못하면 혼돈하기 쉽다. 그렇지만 인지적 능력 하위척도에서 상상력을 재는 항목 또는 기준과 정서적 특성을 측정할 목적으로 사용하는 투사척도 및 자아상척도에서 재는 내용은 전적으로 다르다. 정서적 특성의 두 하위척도(투사, 자아상)의 점수는 각각 1~5점까지 5점 척도로 평정한다. PS와 SS에서 수검자가 받은 점수가 곧 정서적 특성을 사정한 측정치가 된다.

K-SDT를 실시한 결과를 채점하기 위해서는 수검자가 그린 세 가지의 그림과 '검사결과 채점용지'(개인용지)를 준비해야 한다. 검사결과 채점용지(개인용)는 〈부록 8〉에 제시되어 있으므로 참고하기 바란다. 이때 세 가지의 그림이라 함은 PSD, DOS, DIS 검사용지를 가리키고, 검사결과 채점

용지는 〈부록 8〉에 있는 서식을 뜻하며, 검사결과를 채점하기 전에 검사자는 동일한 수검자의 답안지임을 점검한 뒤에 3매의 검사용지와 검사결과 용지의 다른 쪽 맨 상단의 네모칸에 동일한 일련번호를 기입한다. 집단검사를 실시한 후에 〈부록 10〉에 있는 검사결과 채점용지(집단용지)에 채점결과를 바로 기입하여 검사 실시를 의뢰한 기관이나 이 책의 저자에게 송부하면 된다. 이때에도 가급적이면 검사결과를 채점용지(개인용)를 이용하여 채점 · 기록하고, 그것을 다시 채점용지에 정리 · 이기하여 개인용 채점용지와 함께 보고하는 것이 좋다. 이 장에서는 채점절차에 대한 구체적인 내용을 ① 인지적 능력 사정척도와 ② 정서적 특성 사정척도의 채점방법으로 나누어서 하위척도 및 측정항목별로 채점기준과 함께 대표적인 보기를 예시한다.

- PDS 검사용지(〈부록 1〉)
- DOS 검사용지(〈부록 2〉)
- DIS 검사용지(〈부록 5〉)
- 검사결과 채점용지 채점방법(개인용: 〈부록 8, 8-1〉)
- 검사결과 채점용지 채점방법(집단용: 〈부록 10〉)

K-SDT에서 수검자가 PDS, DOS, DIS에서 취득한 점수를 전부 합하면 수검자의 인지능력을 가리키는 지표, 즉 인지능력 총점이 되고, DIS에서 수검자가 받은 투사척도와 자아상척도에서 받은 점수는 정서특성을 가리키는 지표가 된다. 여기서 특별히 주의해야 할 사실은 인지능력도 상상하여 그리기 그림을 보고 채점하고, 정서적 특성을 재는 점수도 상상하여 그리기 그림을 보고 채점한다는 점이다. 그러나 같은 DIS일지라도 채점의

차원 또는 내용이 서로 다르다는 것을 채점자는 잘 기억해야 한다.

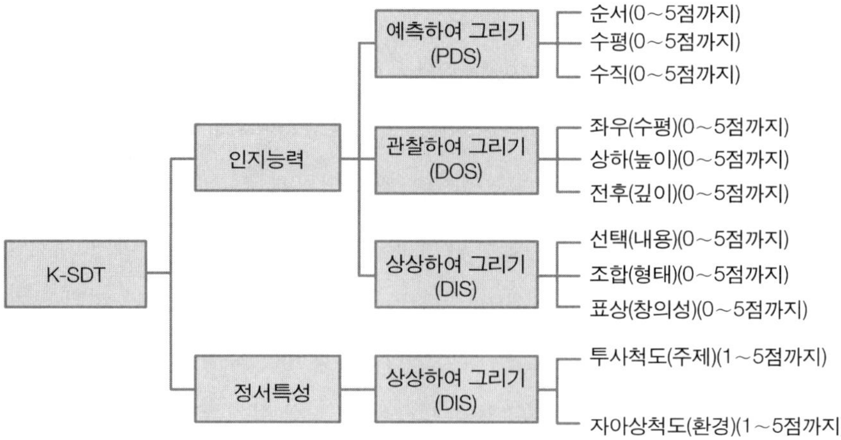

[그림 3-1] K-SDT의 채점

1. 인지적 능력 사정척도 득점의 채점

K-SDT에서 인지적 능력을 사정하는 척도는 예측하여 그리기(PDS), 관찰하여 그리기(DOS), 상상하여 그리기(DIS)로 구성되어 있으므로 검사결과를 채점할 때는 이들 세 하위척도에서 수검자들이 취득한 점수를 일일이 채점하여야 한다. PDS, DOS, DIS 하위척도 중 DIS는 비록 채점기준은 다르지만 인지적 능력을 잴 때도 사용되고 정서적 특성을 잴 때도 쓰이기 때문에 각별한 주의가 필요하다.

여기서는 예측하여 그린 그림, 관찰하여 그린 그림, 상상하여 그린 그림의 채점방법을 별도로 나누어서 좀 더 상세하게 설명하고 점수별로 구체적 예시를 제시하기로 한다.

1) 예측하여 그리기의 채점

PDS 검사용지에는 순서, 수평, 수직 개념의 형성 여부를 판단하는 6점 척도 평정문항이 하나씩 포함되어 있다. 1번 문항은 순서개념, 2번 문항은 수평개념, 3번 문항은 수직개념이 그림 속에 표출되어 있는 정도를 평정한다.

순서개념 채점기준 [1번 문항]

음료수를 조금씩 빨대로 빨아 마신다고 했을 때 나머지 6개의 유리컵(음료수가 가득 들어 있는 모양이 그려진 첫째 유리컵 제외)에 음료수가 남아 있는 모양을 예측하여 선으로 그 순서 또는 차례를 나타낼 수 있는 능력을 6단계로 평정한다. 즉, 6개의 유리컵에 점차 질서정연하게 차례로 줄(횡선)을 긋는 반응(responds by drawing a descending series of horizontal lines)의 정확성을 잰다.

일절 수정 없이 선이 차츰 아래로 내려 그려져 순서 또는 차례의 개념이 체계적으로 완전하게 나타났으면 5점, 차례의 개념은 체계적으로 나타냈으나 줄어드는 양의 간격이 일정하지 않으면 4점, 지우고 수정한 흔적이 있으면 순서개념의 획득과 사용이 아직 시행착오선상에 머물러 있다고 가정하고 3점, 순서 표시가 틀렸을 경우 2점, 실수가 발견되면 순서개념의 발달수준이 아직 미숙하다고 가정하고 1점, 선이 들쭉날쭉 그려져 있고 규칙성이 조금도 없으면 순서개념이 거의 획득되지 않은 것으로 간주하고 0점으로 평정한다.

0점 선(줄)이 전혀 순서대로 표현되지 않았을 때
1점 순서가 불완전할 때
2점 둘 혹은 그 이상의 순서가 틀리게 그려졌을 때
3점 물의 양이 점점 줄어드는 과정을 나타낸 순서에 지우거나 고친 흔적이 있을 때(시행착오 흔적)
4점 물의 양이 점점 줄어드는 과정은 차례대로 그렸으나 간격이 일정치 않을 때(지운 흔적이 없는 경우)
5점 물의 양이 점점 줄어드는 과정이 차례대로 표시되고 그 간격도 일정하게 표시되었을 때(고친 흔적도 전혀 없는 경우)

순서개념: 채점결과 예시 그림

0점 음료수의 양이 줄어드는 모습이 표시되지 않았으므로

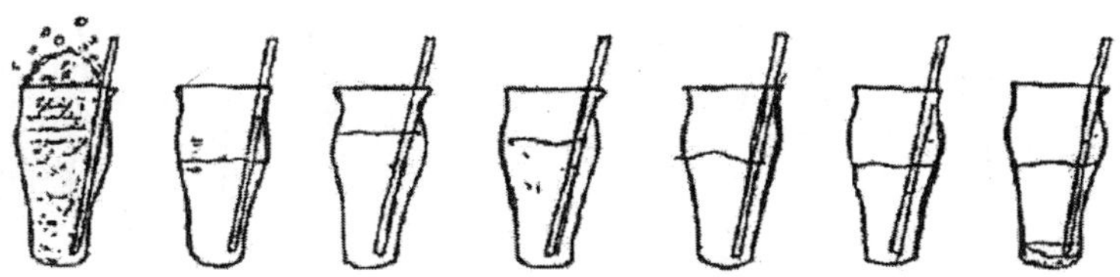

1점 줄어드는 순서가 일정하지 않고 불규칙적이므로

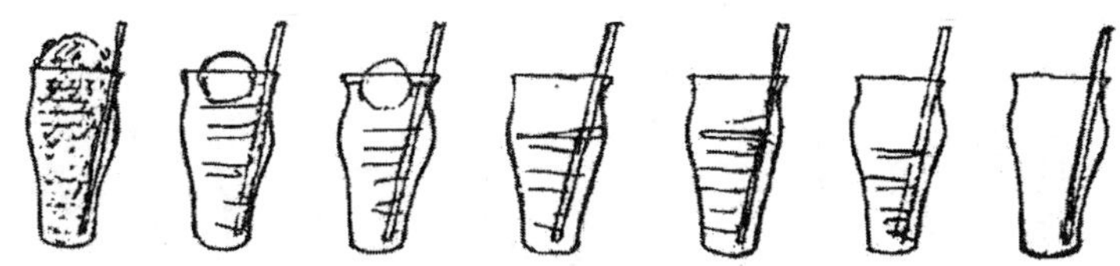

2점 둘 또는 그 이상의 줄어드는 순서가 맞게 표현되었으므로

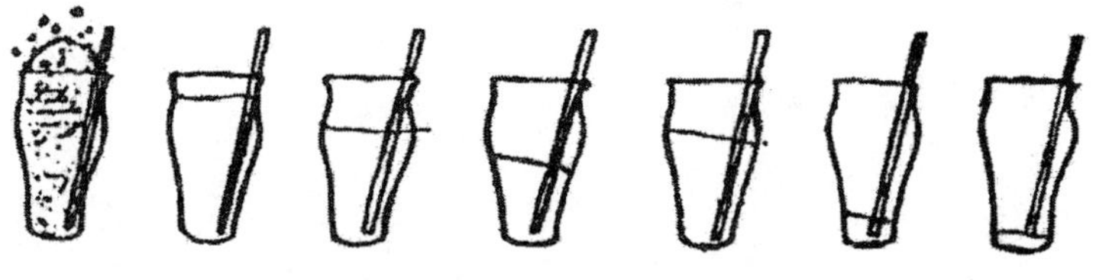

3점 순서를 나타내는 선이 점차적으로(차례대로) 그려졌지만 고친 흔적이 있으므로

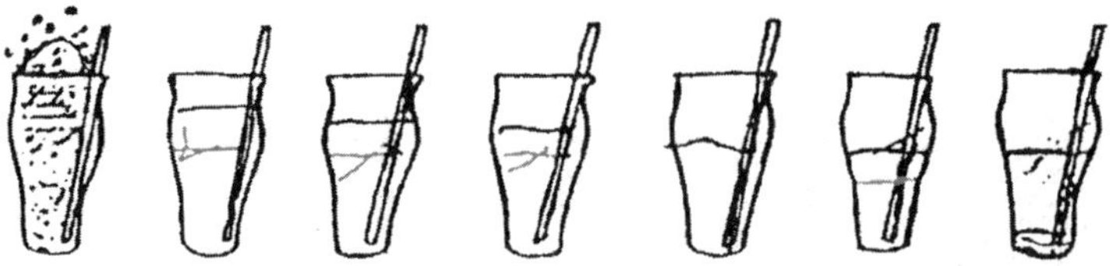

4점 균형은 잡히지 않았지만 컵 속에 차츰 공간이 증가하는 순서가 분명히 잘 표현되었고 전혀 고치지 않았으므로

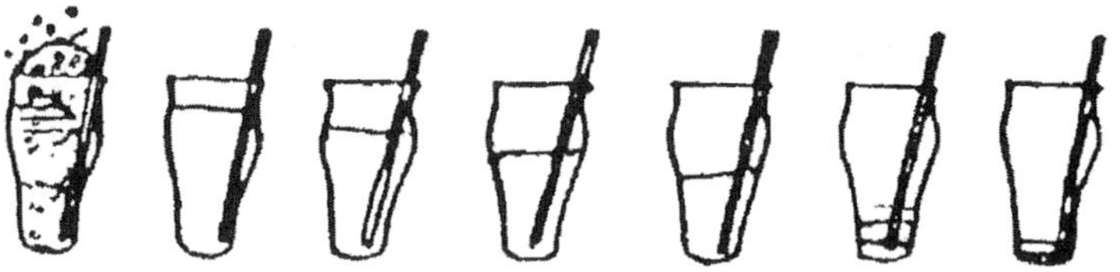

5점 전혀 고치지도 않았고 컵 속의 물이 점점 감소하는 현상이 차례로 잘 표현되었으므로

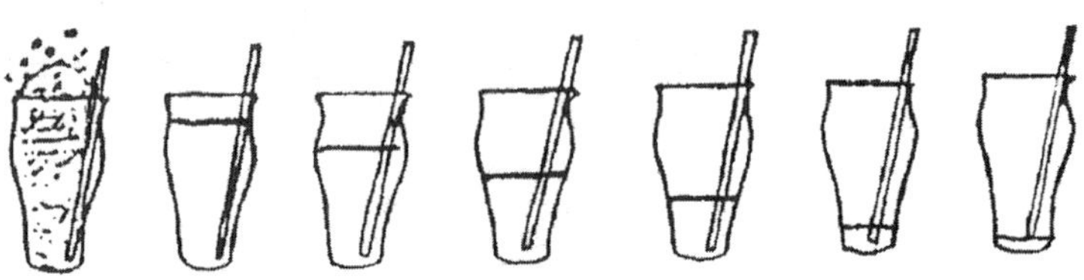

수평개념 채점기준 [2번 문항]

2개의 병에 물이 반쯤 차 있다는 것을 나타내기 위해 밑면 또는 바닥면과 나란히 수평선(horizontal line)을 그릴 수 있는 능력을 확인하며 그 정확도에 따라 6단계로 평가한다. 이 과제는 물이 반쯤 들어 있는 병이 한쪽으로 기울어져도 그 속에 들어 있는 물의 높이는 바닥면과 수평을 이룬다는 것을 알고 있는지를 평가하는 문항이다.

병이 완전히 기울어져도 병 속 물의 높이는 바닥면과 수평을 이루고 있다는 보존개념이 완전히 형성되기 전의 아동들은 바닥면과는 관계없이 물병의 밑면과 나란히 줄을 긋기나, 물병 안에 동그라미 모양을 빙빙 돌려 그리거나(scrible round shape), 기울어진 사선을 묘사한다. 이 점을 배려하여 이 항목을 평정해야 한다.

수검자가 그린 선(줄)의 모습이 병이 기울어진 만큼 그와 가까운 수준의 사선을 그리면 아직 수평의 개념이 형성되지 않았다고 판단한다. 반대로 병이 한쪽으로 약간 기울어져도 지면과 나란히 수평선을 그려 물의 정도를 잘 나타내었을 때는 수평의 개념이 완전히 형성되었다고 보고 채점한다.

0점 기울어진 병 속에 수면을 나타내는 선이 전혀 없거나 빙빙 돌린 곡선을 그렸을 때

1점 수면의 선이 병의 윗면과 평행일 때(수면을 긋는 기준선(틀)이 병의 내부에 있을 때)

2점 수면의 선이 병의 옆면(측면)과 거의 평행일 때

3점 수면의 선이 비스듬할 때(기준이 되는 틀이 외부적이지만 탁자면과는 무관할 때)
4점 수면의 선이 탁자와 연관이 있어 보이나 평행하지는 않을 때(즉, 수평선이 아닐 때)
5점 수면의 선이 탁자와 거의 평행일 때(5도 이내로)

수평개념: 채점결과 예시그림

0점 기울어진 병 속에 수면을 나타내는 선을 전혀 긋지 않았으므로

1점 병의 밑면과 나란히 선이 그어져 있으므로

2점 병의 측면과 거의 평행이 되는 선을 그었으므로

3점 선을 경사지게 또는 기울게 표현했으므로

4점 선이 탁자 표면과 비교적 나란히 그어졌으나, 완전히 평행하지는 않았으므로

5점 탁자 표면과 약 5도 이내로 평행이 되도록 선을 그었으므로

수직개념 채점기준 [3번 문항]

산과 같이 가파른 경사지에 집이나 나무를 그리도록 지시했을 때 지면(또는 바다의 수면)과 수평이 되도록 경사진 면(×표가 표시된 곳)과 직각으로 집을 그릴 수 있는 수직(verticality)개념의 정도에 따라 6점 척도로 평정한다. 물론 수직을 나타낼 목적으로 지면과 수직이 되도록 받침대나 기둥과 같은 구조물을 이용해서 집을 그려도 무방하다.

경사진 면과 집을 그리기가 어려워서 그리기를 회피하거나 ×표가 붙어 있지 않은 곳에 그리면 0점(예를 들면, 산을 그린 외각선 안쪽에 집을 그리는 경우), 언덕과 집을 수직이 되도록 그렸지만 받침이 없어 공중에 떠 있거나 산의 외곽선에 몰려 있을 때는 3점, 집과 지면이 수직으로 그려졌고 받침대와 기둥으로 지지되어 있으면 5점으로 채점한다.

0점 집이 없거나, 그리기를 거부하거나, 집이 산속에 있을 때(산을 나타내는 윤곽선 안에 집을 그렸을 때)

1점 집이 대략 산의 경사지와 직각 되게 그렸을 때

2점 집이 산의 경사지와 직각도 아니고 수직도 아니며 경사져 있거나 거꾸로 그려져 있을 때

3점 집을 바로 세워 수직이 되도록 그렸지만 받쳐 주는 것이 없을 때

4점 집은 수직이 되도록 그렸지만 받침대가 약하거나 집이 약간 산속에 그려져 있을 때

5점 집이 수직이며 기둥이나 받침대나 기둥으로 견고하게 받쳐져 있을 때

수직개념: 채점결과 예시

0점 집이 산속에 그려져 있으므로(산을 그린 윤곽선 속에 그렸기 때문에)

1점 집이 경사면과 거의 수직이 되게 그려졌으므로

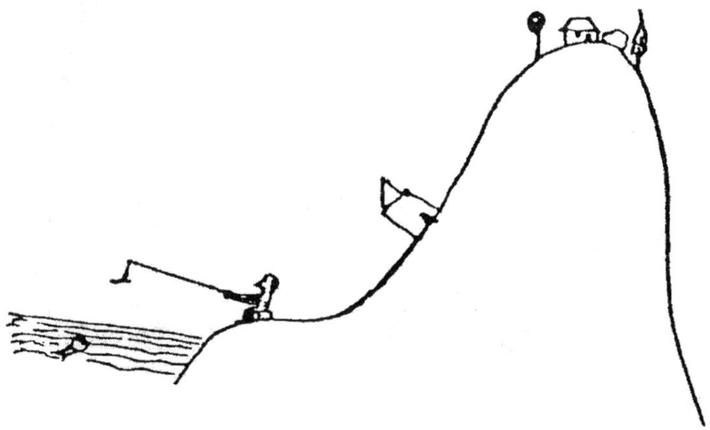

2점 집이 경사면과 수직은 아니지만 경사지게 그려졌으므로

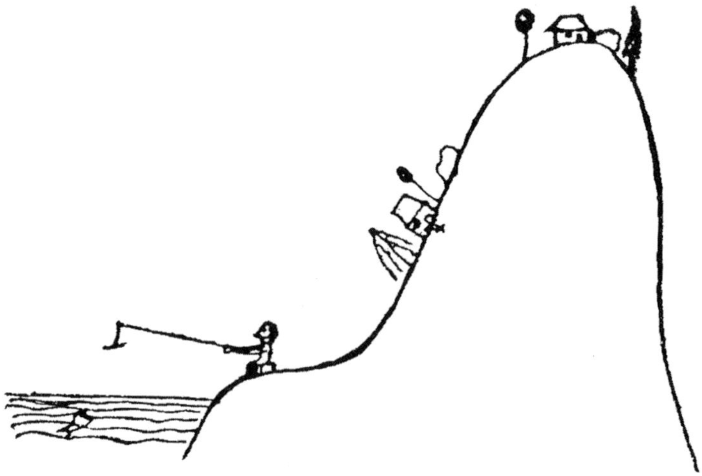

3점 집이 대략 수면과 수직이나 아무런 받침대가 없으므로(이런 경우 집은 지면과 수직으로 그려졌으나 산의 윤곽선과 분리되어 있다.)

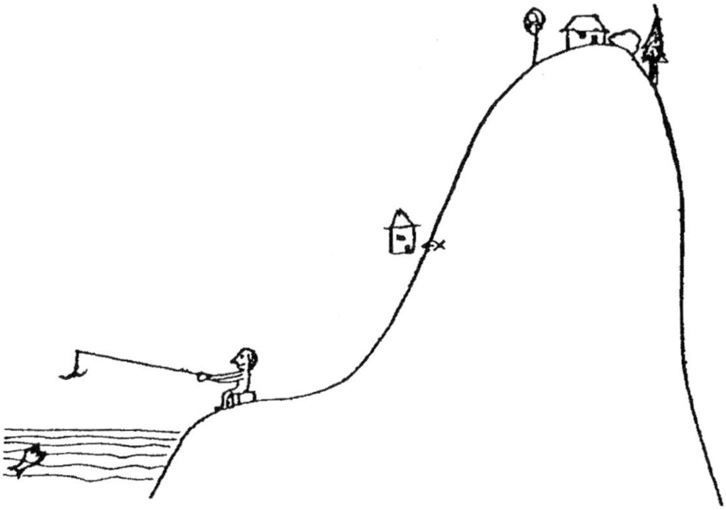

4점 집은 지면과 수직으로 그려졌지만 받침대가 없어 다소 불안전하므로

5점 집이 지면과 수직으로 그려져 있고 연단과 기둥에 의해 잘 받쳐져 있으므로

2) 관찰하여 그리기의 채점

3개의 독립된 문항으로 구성된 PDS와는 달리 DOS는 수검자에게 한 장의 그림을 그리도록 요구한다. 제시자료 모델(3개의 원기둥과 돌)을 일정한 방향과 시각에서 잘 보고 보이는 그대로 그리도록 했을 때 수검자가 그린 그림에 나타난 물건들의 공간관계(높이, 넓이, 깊이)의 정확성을 6점 척도로 평정한다. 상하개념은 제시자료 모델들의 높이관계를, 좌우개념은 수평적 관계를, 전후개념은 깊이의 관계를 의미한다. 즉, DOS는 3차원 좌표를 써서 사물들의 공간개념을 지각하는 능력을 재는 척도다. DOS를 채점할 때는 반드시 수검자가 어느 방향에서 4개의 물체를 보고 그렸는지 알아보고 채점하여야 한다.

수직개념 채점기준 [3번 문항]

제시한 네 가지 물건(제시자료 모델)들을 보고 그대로 그리라고 지시했을 때 그 물건들이 놓인 위치가 제대로 그려진 정도를 6점 척도로 평정한다. 이것을 좌우개념 또는 수평적 관계개념이 획득 · 활용되고 있는 정도에 따라 측정한다. 이를 물건 간의 폭 또는 넓이라고 한다.

여기서 좌우개념이라 함은 왼쪽에서 오른쪽으로 수평선을 긋고 보았을 때 4개의 물건들의 위치가 정확하게 그려진 정도를 말한다. 채점은 사물들의 위치가 틀리게 그려진 갯수만큼 감점하면 된다.

0점 좌우관계가 바른 순서로 된 물체가 하나도 없을 때
1점 좌우관계가 바른 순서로 된 물체가 1개 있을 때
2점 좌우관계가 바른 순서로 된 물체가 2개 있을 때
3점 좌우관계가 바른 순서로 된 물체가 3개 있을 때
4점 좌우관계가 바른 순서로 된 물체가 4개가 있으나 제대로 표현되지 않았을 때
5점 모든 물체의 좌우관계와 수평적 순서(왼쪽－오른쪽)가 맞을 때

좌우관계: 채점결과 예시

0점 모든 물체의 왼쪽-오른쪽 순서가 틀리게 그려졌으므로

[수검자 위치가 정면일 때]

1점 4개의 물체 중에서 하나만 맞게 그려졌으므로(실제로 이런 경우는 좌우개념이 형성되었다고 볼 수 없다.)

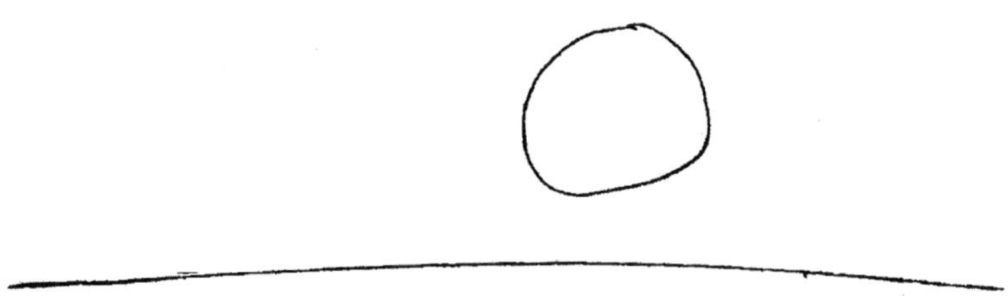

[수검자 위치가 정면, 측면, 후면일 때]

2점 2개의 물체만이 왼쪽-오른쪽 순서가 맞게 그려졌으므로

[수검자 위치가 정면일 때]

3점 3개는 대략 왼쪽에서 오른쪽으로 정확히 그려져 있으므로

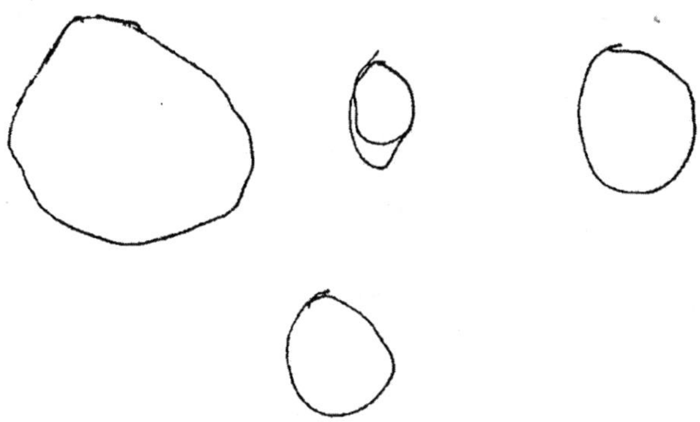

[수검자 위치가 좌측 정면일 때]

4점 4개의 물건 모두가 대략 왼쪽-오른쪽 순서에 맞게 그려진 것처럼 보이나, 주의 깊게 관찰하여 보면 정확하게 표현되지 않았으므로

[수검자 위치가 정면일 때]

5점 모든 물체가 왼쪽-오른쪽 순서에 맞게 그려졌으므로

[수검자 위치가 정면일 때]

상하관계(높이) 채점기준

0점 모든 물체가 평면으로, 높이가 표현되어 있지 않을 때

1점 모든 물체의 높이가 거의 같을 때

2점 2개 물체의 높이가 바르게 표현되었을 때

3점 3개 물체의 높이가 바르게 표현되었을 때

4점 4개 물체의 높이는 맞지만 제대로 표현되지 않았을 때

5점 모든 물체의 수직적인 관계가 맞을 때

상하관계(높이): 채점결과 예시

0점 높이가 전혀 표현되지 않았으므로

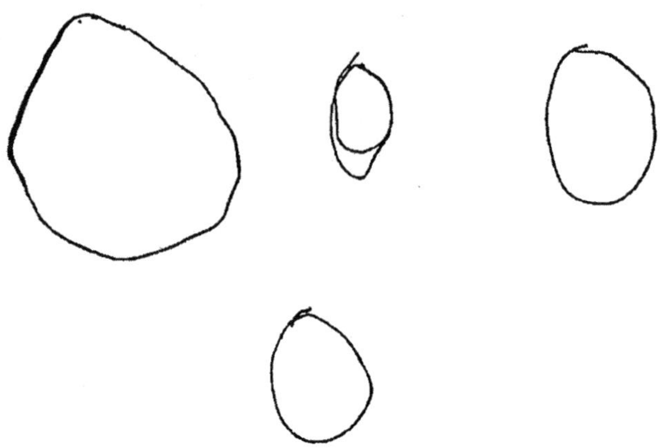

[수검자 위치가 정면일 때]

1점 한 개의 물체 높이가 대략 정확하게 그려졌으므로

[수검자 위치가 정면일 때]

2점 2개의 물체 높이가 맞게 그려졌으므로

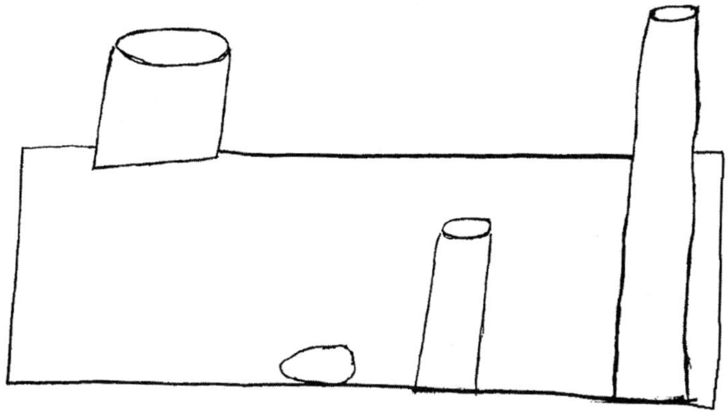

[수검자 위치가 정면일 때]

3점 3개의 물체 높이가 정확하게 그려졌으므로

[수검자 위치가 정면일 때]

4점 4개의 물체 높이는 맞게 그려졌지만 정확하게 표현되지 않았으므로

[수검자 위치가 정면일 때]

5점 4개의 물체 높이 또는 수직관계가 정확하게 표현되었으므로

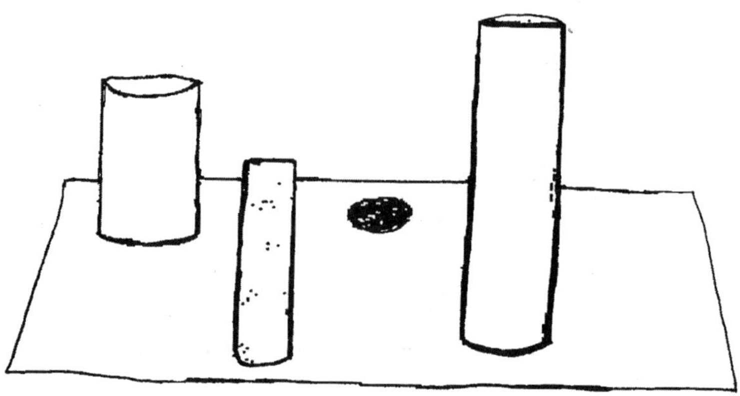

[수검자 위치가 정면일 때]

전후관계(깊이) 채점기준

0점 원근감 없이 모두 일렬로 배치되어 있을 때

1점 1개의 물체만이 기저선 위 혹은 아래에 그려져 있거나 원근관계가 정확하지 않을 때

2점 2개 물체의 원근관계가 바르게 표현되었을 때

3점 3개 물체의 원근관계가 바르게 표현되었을 때

4점 4개의 물체가 모두 바르게 배치되었으나 관찰 표현에 있어 정확하지 않았을 때

5점 모든 물체의 원근관계가 정확하고 배치도가 그림 안에 표시되어 있을 때

전후관계(깊이): 채점결과 예시

0점 모든 물체들이 수평선상에 똑같이 놓여 있으므로

[수검자 위치가 정면일 때]

1점 1개의 물체만이 기저선 위에 놓여 있으므로

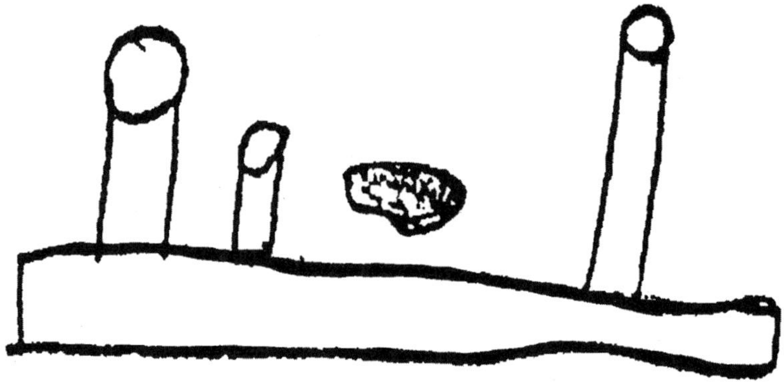

[수검자 위치가 정면일 때]

2점 2개의 물체만이 원근관계가 드러나 있으므로

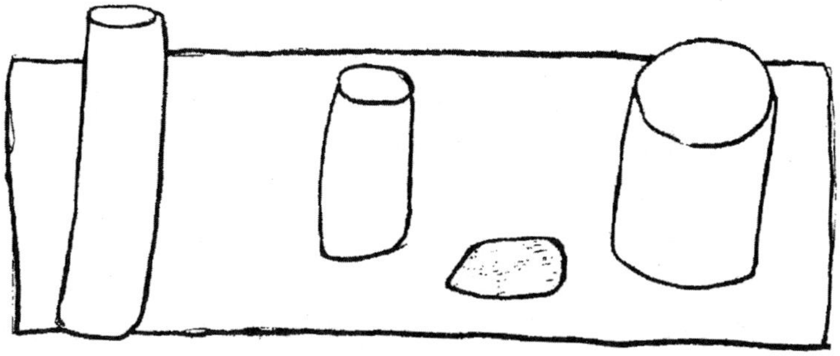

[수검자 위치가 후면일 때]

3점 3개의 물체만이 원근관계가 드러나 있으므로

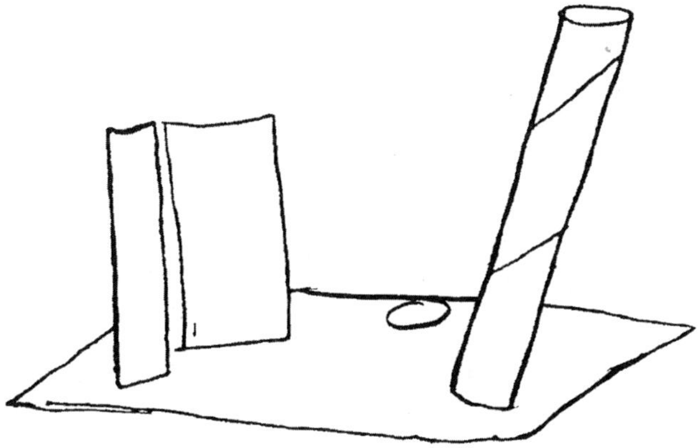

[수검자 위치가 정면일 때]

4점 4개 물체들의 원근관계가 정확히 표현되었으므로

[수검지 위치가 정면일 때]

5점 깊이관계가 정확하고 지면이 그림에 표현되어 있으므로

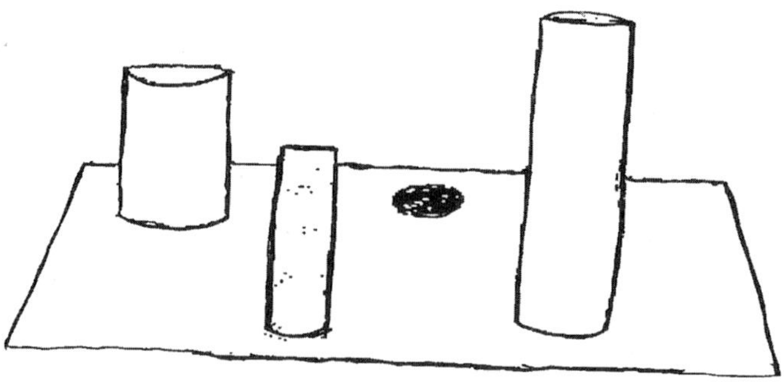

[수검자 위치가 정면일 때]

3) 상상하여 그리기의 채점

K-SDT에서 상상하여 그리기 그림은 먼저 수검자에게 사람, 동물, 사건, 장소가 그려진 50매(A형) 또는 15매(B형)의 자극카드를 제공하고 그중에서 수검자가 가장 마음에 드는 카드를 2~3매(이것은 검사자가 실시하기 전에 결정한다.) 골라 하나의 이야기를 만들거나, 상상하여 그림으로써 나타내도록 요구한다.

그림이 다 그려지면 수검자의 선택, 조합, 표상능력을 측정한다. 흔히 선택능력은 그림의 내용을 선택하는 능력을, 조합능력은 그림의 형태를 구성하는 능력을, 표상능력은 창의적으로 표현해 내는 능력을 측정한다.

선택능력 채점기준

K-SDT에서 상상하여 그리기(DIS) 채점방법은 자극그림카드에 있는 내용 이상의 사물로 그림을 완성시켰거나 혹은 그들이 고른 대상들을 그가 설정한 계급의 구성원으로 나타냈을 때는 최고점인 5점을 배정한다. 그것은 곧 추상적 수준의 내용선택이라고 할 수 있다. 자극그림 카드에 실린 내용을 그렸으나 추상적인 수준 혹은 직관할 수 없는 내용들이 결여되었을 때는 기능적 수준 3점으로 채점하고, 자극그림으로 표현내용이 아주 미숙하여 지각적 수준에 머물러 있을 때는 가장 낮은 점수인 1점을 준다.

0점 자극그림카드의 그림을 선택한 증거가 전혀 보이지 않을 때
1점 지각적 단계: 단일주제이거나 주제들이 크기와 위치가 맞지 않을 때
2점 크기나 위치에 있어 관계 있는 주제들 사이에 상호작용이 없을 때
3점 기능적 단계: 주제가 무엇을 하거나 또는 당하고 있는 것을 보여 줄 때
4점 추상적이거나 상상적이라기보다는 설명적일 때
5점 추상적 단계: 상상력이 풍부하고 잘 정리된 생각. 실제 보이는 것보다 더 기능적이고 간결하고 함축적인 아이디어를 보여 줄 때(이때 그림을 그리는 실력은 그다지 중요하지 않다.)

선택능력: 채점결과 예시

0점 자극그림카드를 선택해서 그렸다는 증거가 전혀 보이지 않으므로

[6세 남자 아동의 그림]

1점 지각적 단계: 주제들의 크기와 위치가 맞지 않으므로

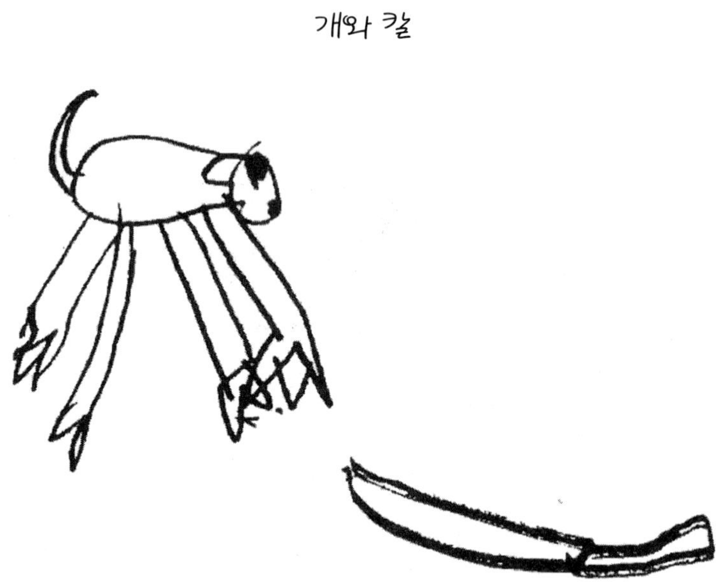

[6세 남자 아동의 그림]

2점 주제들은 지각적 단계를 바탕으로 선택되었으나 대부분 크기와 배치가 맞지 않고, 전체 구성은 기능적 단계를 바탕으로 한 선택에 불과하므로(밧줄에 묶인 개, 소녀 두 대상은 서로 관련되어 이야기를 이루고 있다.)

[언어장애가 있는 13세 여자 아동의 그림]

3점 기능적 단계라는 증거가 그림에 나타나 있으므로(개가 소년에게 무엇인가 하는 모습을 보여 주기 때문)

[6세 남아 아동의 그림]

4점 내용이 상상적이라기보다는 설명적이므로

[11세 남자 아동의 그림]

5점 상상적인 내용이 잘 조직되어 그림에 그려진 내용보다 더 함축적이므로

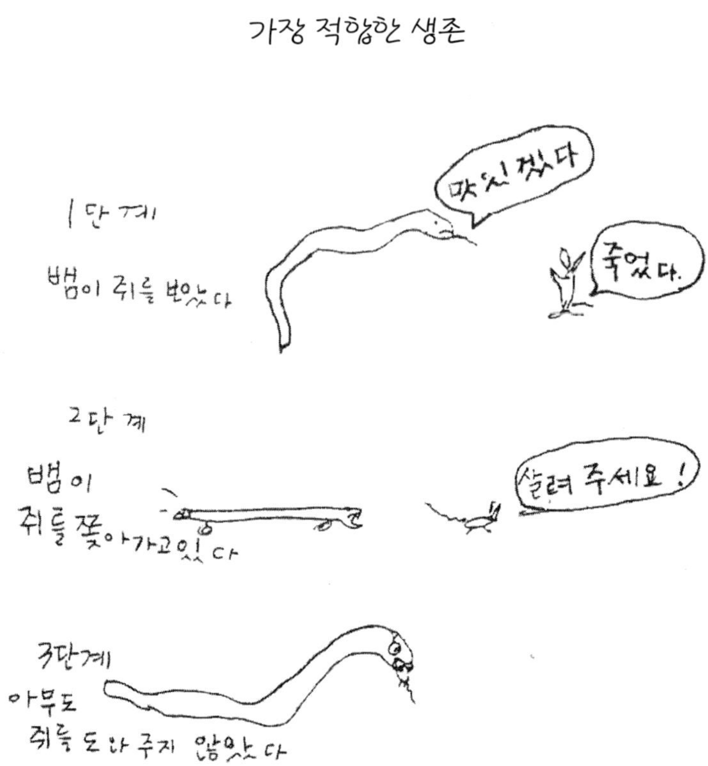

[17세 남자의 그림]

조합능력 채점기준

K-SDT의 상상하여 그리기 과제의 조합능력 채점기준은 전반적으로 그림의 주제와 대상들을 조화롭게 구성한 그림에 최고점(5점)을 주고, 근접성이 부족하거나 기저선(baseline)만 사용하여 사물을 나열한 그림들은 보다 낮은 점수(3점)를 주며, 주제와 대상들의 근접성이 표현되었지만 공간에 흩어져 있으면 가장 낮은 점수(1점)를 준다.

0점 하나의 사물 또는 사람. 그림들의 공간관계가 전혀 없을 때

1점 근접성: 주제들이 공간에 떠 있음. 근접성만 표현되어 있고 기저선은 사용되지 않았을 때.

2점 관계들을 나타내려고 했을 때(예를 들면, 점선이나 화살표를 이용)

3점 사물들이 기저선을 따라 서로 다른 것과 관계지어져 있을 때(실제로 혹은 묵시적으로)

4점 기저선을 사용하는 수준을 넘어 그렸을 때(그러나 도화지의 반 이상이 여백으로 남아 있을 때)

5점 전체적인 조화: 원근이 나타났고, 도화지의 전체 면을 고려했으며, 2~3개 이상의 자극그림을 사용한 흔적이 있을 때

조합능력: 채점결과 예시

0점 단일주제이고 아무런 공간적 관계가 표현되어 있지 않으므로

[10세 여자 아동의 그림]

1점 기저선과 무관하게 공간에 떠 있을 때

[8세 여자 아동의 그림]

2점 기저선이 수직으로 되어 문과 함께 바깥과 안쪽으로 분리되어 있고 물체 하나하나가 단편적인 조각으로 되어 있으므로

[8세 여자 아동의 그림]

3점 주제들이 묵시적으로 기저선을 따라 서로 연관되어 있으므로

[9세 여자 아동의 그림]

4점 기저선 수준을 넘어 그렸으나 화면 공간이 1/2도 되지 않으므로

[10세 여자 아동의 그림]

5점 모두 서로 관련되어 있고 나란히 한 시리즈의 그림으로 표현되었으므로

[8세 남자 아동의 그림]

표상능력 채점 기준

K-SDT는 상상하여 그리기 그림에서 채점된 선택능력, 조합능력, 표상능력이 모두 인지능력에 속한다는 것을 전제로 채점한다. DIS에서 창의성, 표현력, 익살이 충분히 나타나면 점수(5점)를 부여하고, 표상능력 채점 기준은 창의적 능력을 알아보는 문항이기 때문에 DIS에 표현된 창의적 능력의 정도에 따라 점수가 주어진다. 아래 기준에 의거하여 1~5점으로 채점한다.

0점 자극그림(SD)이 재현되었다는 증거가 하나도 없는 표현일 때
1점 모방 단계: 자극그림을 그대로 베끼거나 판에 박힌 듯한 표현일 때
2점 모방의 단계는 넘어섰으나 그림이나 아이디어가 평범할 때
3점 재구성 단계: 자극그림을 변경 또는 정교화시켰거나, 평범한 표현의 틀에서 벗어난 흔적이 보일 때
4점 재구성의 단계를 넘어서 다소 독창성이 엿보이거나 표현적일 때
5점 변형 단계: 매우 창의적이고, 표현적이고, 익살스럽거나, 시사적이거나, 은유적・풍자적인 이중적 의미를 가진 표현일 때

표상능력: 채점결과 예시

0점 자극그림이 사용된 흔적이 하나도 없으므로

[6세 남자 아동의 그림]

1점 모방적인 복사에 불과하며 자극그림카드를 그대로 옮겨 그렸으므로

[8세 남자 아동의 그림]

2점 모방 단계는 넘어섰으나 아이디어나 그림이 너무 평범하므로

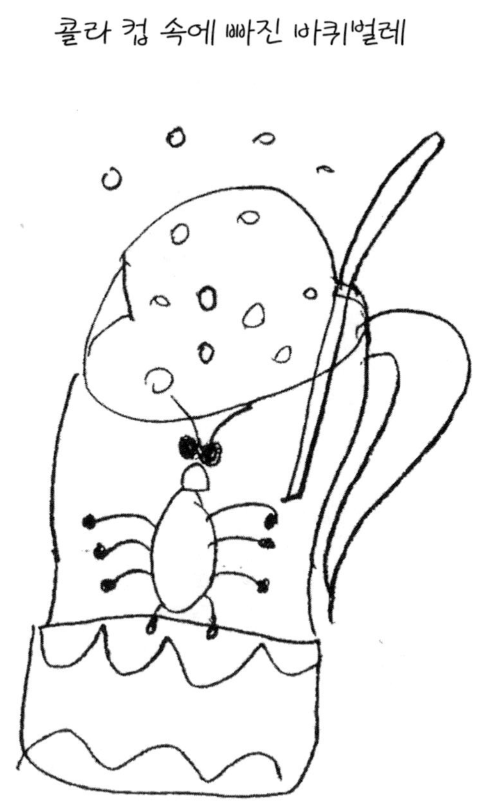

[12세 여자 아동의 그림]

3점 개에다 밧줄을 덧붙여 재구성했으므로

[언어장애가 있는 13세 여자 아동의 그림]

4점 다소 독창적이고 표현적이므로

[18세 여자의 그림]

5점 지하실에서 자살하는 신부의 모습을 매우 표현적이고 상상적으로 그렸으므로

[14세 여자 아동의 그림]

2. 정서적 특성 사정척도 득점의 채점

K-SDT는 상상하여 그리기 그림을 이용하여 정서적 특성을 측정하며 각각 1~5점으로 채점되는 2개의 하위척도로 구성되어 있다. 그것을 투사척도, 자아상척도라고 부른다. 여기서는 하위척도라고 명명하고 있지만 실은 각각 한 개의 5점 평정척도 문항이라는 것을 기억하고 있는 것이 좋다.

투사척도는 상상하여 그리기 그림에 나타난 수검자의 주제(theme) 선정과 투사내용의 정도를 의미한다. 정서적 특성을 측정하는 항목들은 인지능력을 잴 때에 사용한 DIS를 다시 사용하여 측정하지만 측정항목이 완전히 다르다는 것을 유의하여야 한다.

1) 투사척도의 채점

이 척도에서 수검자가 받은 점수는 그가 가지고 있는 경험이나 현재의 심정이 그림에 그대로 반영된다는 Freud의 이론을 전제로 하고, 상상하여 그린 그림 속에는 그림을 그린 사람의 우울 또는 정서적 불안, 자살충동, 심리적 및 사회적 갈등과 같은 정서적 요소가 대부분 나타난다고 가정하여 채점한다.

이 항목은 수검자가 상상하여 그리기 그림 속에 투사한 주제 또는 정서적 내용을 채점하는 척도로, 수검자가 그린 DIS의 그림과 질문 단계에 나타난 다섯 가지 질문내용에 대한 결과를 동시에 참고하여 채점한다. 이때 상상하여 그리기 그림 아래 수검자가 쓴 '제목'과 '이야기'도 채점의 정확성과 객관성을 유지하는 데 매우 유용하게 활용된다. 수검자가 그린 주제

(또는 주인공)가 부정적–긍정적인가를 보고 5점 척도로 채점하지만, 질문 속에 나타난 그의 기분과 생각 그리고 사건의 원인과 결과가 얼마나 긍정적인가 혹은 부정적인가를 함께 평가하여 채점한다.

투사척도 채점기준

1점 매우 부정적인 주제

대상(사람, 동물, 물건)이 슬픔, 고립, 무력, 자살 또는 치명적인 위험에 빠진 그림으로 파괴적 · 살인적 또는 생명을 위협하는 관계로 나타냈을 때

2점 다소 부정적인 주제

대상들을 공포, 분노, 욕구불만, 반항적, 파괴적, 공격적 또는 불안한 것으로 묘사. 긴장감이 돌고 적대적인 관계를 나타냈을 때

3점 평범한 중립적 주제

부정적이기도 하고 긍정적이기도 한 양면적인 묘사. 감정이 드러나지 않은 중립적인 상태. 사물들 간의 관계는 애매모호하고 양면적 또는 불분명한 관계가 나타났을 때

4점 다소 긍정적인 주제

약간 수동적으로 무엇인가를 즐기거나, 구원이나 도움을 받는 대상으로 묘사. 친근하고 우호적이며 유쾌한 관계를 나타냈을 때

5점 아주 긍정적인 주제

행복하고 효과적이며 목표를 달성하는 사물들로 묘사. 서로 위해 주거나 사랑하는 관계로 나타냈을 때

투사척도: 채점결과 예시

1점 단일소재를 이용하여 위협적 관계를 나타내고 있으므로

[12세 남자 아동의 그림]

2점 보통 수준 정도의 부정적인 관계가 그려져 있으므로

[8세 여자 아동의 그림]

3점 부정적이기도 하고 긍정적이기도 한 양면적인 갈등이 표출되었으므로

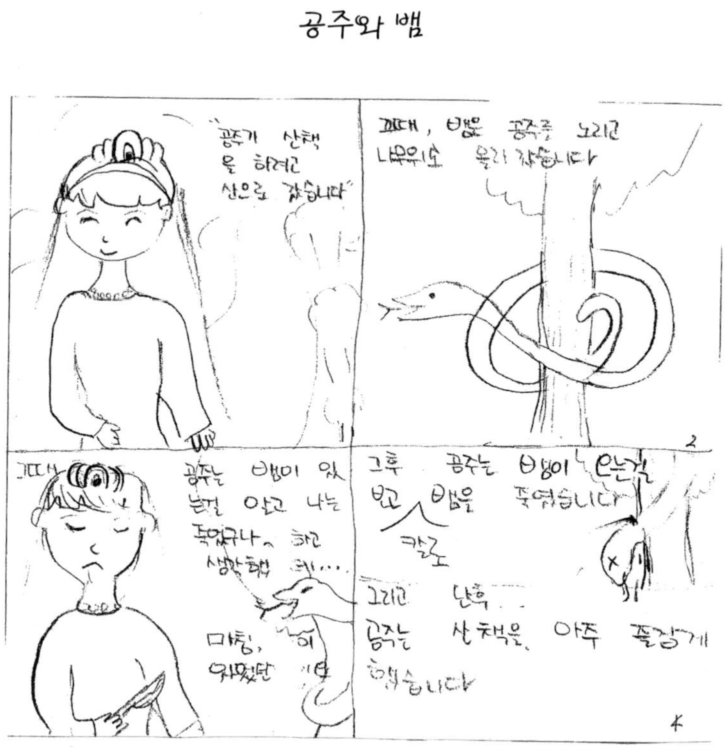

[11세 여자 아동의 그림]

4점 친근하고 우호적인 감정을 나타냈으므로

[10세 남자 아동의 그림]

5점 서로 좋아하는 느낌이 충분히 나타나 있고 자신을 그림 속의 사람과 확실히 동일시하고 있으므로

[8세 여자 아동의 그림]

2) 자아상척도의 채점

자극카드 중 2~3장의 카드를 골라 그것들을 서로 관련지어 하나의 이야기를 만들어 그림으로 나타내도록 요구하면, 많은 자극그림 중에 자신의 마음에 드는 그림을 선택하는 과정에서 수검자의 동기, 갈망, 원인, 분노와 같은 요소들이 자아상(self-image)과 관련지어져 투영된다는 것은 심리학적으로 이미 잘 알려진 사실이다.

그 이유는 많은 자극카드 중에 소수의 제한된 카드를 선택하는 과정에서 이미 수검자의 감정이나 생각이 반영되기 때문이고, 이때 나타난 수검자의 상상(imagination), 공상(fantasy) 또는 주제(theme) 그림에 자아상이 나타나기 마련이다. 특히 자기 이미지(self-image)에 위험이 걸려 있을 때는 그 신호가 아주 분명하게 상상 속의 그림이나 글(언어)을 통하여 출현된다. 자아상척도는 DIS에 나타난 자기 이미지를 확인하고 사정한다. 그것은 병적인-유쾌한 또는 긍정적-부정적 차원으로 구분하여 5점 척도로 평정한다.

투사척도의 문항을 채점할 때와 마찬가지로 이번에도 DIS를 실시할 때 수검자에게 물은 다섯 가지 질문내용에 대한 답과, 상상하여 그리기 그림 아래에 기록한 그림의 '제목'과 '이야기'에 비춰진 내용과 함께 그림을 종합적으로 평가하여 자아상(긍정적-부정적)이 투사된 정도를 밝히고 채점한다. 이때 채점자가 그림만 보고 자신의 느낌이나 인상을 가지고 주관적으로 채점하는 일이 없도록 해야 한다. 반드시 수검자가 그린 그림과 함께 다섯 가지 질문에 대한 응답과 수검자 자신이 쓴 상상하여 그리기 그림의 '제목' '주제'를 종합적으로 검토하여 채점해야 한다.

자아상척도 채점기준

1점 병적인 환상
그림 속의 한 대상(사람, 동물, 물건)을 비통, 고립, 자살, 치명적인 위험에 빠진 존재와 동일시하고 있을 때

2점 불쾌한 환상
수검자가 그림 속에 있는 대상 중 놀람, 짜증스러움, 욕구불만 또는 불운한 존재와 동일시하고 있을 때

3점 모호한 또는 양면적 환상
수검자가 그림 속의 대상 중 양면적 감정 또는 아무런 감정이 없는 한 존재와 동일시하고 있을 때(예를 들면, 아주 객관적인 해설자처럼 자기 이미지가 명확하게 나타나지 않는 경우)

4점 유쾌한 환상
수검자가 그림 속의 대상 중 운이 있으나 수동적인 한 존재와 동일시하고 있을 때(예를 들면, 다른 사람의 도움이나 구조를 받아 기분이 좋은 경우)

5점 소원을 이루는 환상
그림 속의 대상을 강력한, 사랑받는, 적극적인 또는 목표를 달성하는 것으로 그렸을 때

자아상척도: 채점결과 예시

1점 그의 환상 속에서 살인자와 동일시하고 있는 것 같으므로

[13세 남자 아동의 그림]

2점 불운하다고 생각하고 그것을 그림으로 나타내고 있으므로

[12세 여자 아동의 그림]

3점 부정적이기도 하고 긍정적이기도 한 중립감정을 애매모호하게 표현했으므로

[8세 여자 아동의 그림]

4점 도움을 받고 친근하고 우호적인 관계가 나타나 있으므로

[6세 남자 아동의 그림]

5점 매우 행복해하고 목표를 달성하는 환상을 나타내고 있으므로

[6세 여자아동의 그림]

제4장 신뢰도

1. 검사-재검사 신뢰도
2. 동형검사 신뢰도
3. 문항내적 합치도: Cronbach α
4. 채점자 신뢰도

검사결과를 보고 '이 측정도구는 어느 정도 정확한가?' '이 검사결과(점수)를 어느 정도 믿을 수 있나?' 하는 의문을 품게 된다. 이것은 누구나 갖게 되는 지극히 당연한 의심이다. 측정도구의 정확성은 일반적으로 신뢰도와 타당도로 설명되고 있다. 어떤 한 측정도구를 가지고 누가, 언제, 어디서 측정을 하여도 똑같은 점수가 나오는 정도를 그 측정도구의 신뢰도라고 한다. 검사를 실시·채점하는 사람을 바꾸면 검사결과가 다르게 나온다든지, 검사를 실시하는 시기가 달라지면 검사점수에 변동이 생긴다든지 하면 그 검사는 신뢰도가 낮다고 볼 수 있다. 반대로 검사를 실시하는 사람이 달라져도 또는 검사를 실시하는 시기가 같지 않을 때도 거의 동일한 점수가 나오면 그 측정도구는 신뢰도가 높은 검사다. 인간은 누구나 한번쯤 실수나 오류를 범하게 마련이므로 이 세상에는 절대적으로 완벽한 검사도구는 존재하지 않는다. 측정이론에서는 모든 측정도구가 어느 정도의 오차를 범한다는 것을 가정하고 심리검사를 제작한다.

위치를 달리하면 산의 모습이 다르게 보이듯이 측정과정에서 특정 심리검사가 범하는 측정의 오차가 무엇이냐에 따라 신뢰도의 성질도 달라진다. 즉, 측정오차의 소스를 기준으로 신뢰도는 검사-재검사 신뢰도, 동형검사 신뢰도, 반분신뢰도, 문항내적 합치도, 채점자 신뢰도로 구분할 수 있다. K-SDT는 검사-재검사 신뢰도(안정성), 동형검사 신뢰도(동형성), 문항내적 합치도로써 Cronbach α, 채점자 신뢰도 계수만을 추정했고 반분신뢰도 계수는 구하지 않았다. 반분신뢰도를 추정하지 않기로 한 것은 하위척도를 이루고 있는 문항 수가 2~3개에 지나지 않았기 때문에, 그것으로 하위척도별 반분신뢰도를 구한다는 것은 무의미하고 또한 비교적 독립된 이질적인 내용을 측정하고 있는 11개의 문항으로 측정도구 전체의 반분신뢰도를 추정하는 것도 이론적으로 맞지 않는다고 판단했기 때문이다.

1. 검사-재검사 신뢰도

K-SDT의 규준을 작성할 목적으로 표집한 495명 중에서 선정한 84명(남자 49명, 여자 35명)의 8세 아동에게 1차 검사를 실시하고 6~8주가 경과한 후에 재검사를 실시하여 신뢰도 계수를 추정하였다. K-SDT에서 인지적 능력을 재는 하위척도들의 검사-재검사 신뢰도 계수는 .45~.80에 산재해 있고 하위검사별로는 .62(예측하여 그리기 하위척도), .67(관찰하여 그리기 하위척도), .67(상상하여 그리기 하위척도)로서, 이들 세 개의 하위척도의 득점을 모두 합하여 인지능력을 재는 전체 척도의 신뢰도 계수는 .67(남자 .75, 여자 .55)이다. 한편, 정서적 특성을 재는 하위척도의 신뢰도 계수는

.70(투사척도), .74(자아상척도)이며 두 하위척도에서 받은 득점을 합한 총점의 검사-재검사 신뢰도 계수는 .83(남자 .69, 여자 .93)이다.

신뢰도 계수를 추정할 목적으로 선정한 사례 수가 각각 49, 35로 84명밖에 되지 않는다는 사실을 감안하면 6~8주 간격으로 실시한 K-SDT의 재검사 신뢰도는 비교적 높은 편이다. 왜냐하면 사례 수가 많으면 신뢰도 계수는 어느 정도 상승하고 반대로 사례 수가 지나치게 적으면 검사의 신뢰도는 부당하게 과소평가되기 때문이다. 이 측정도구도 신뢰도를 추정하기 위한 사례 수를 200~300명으로 늘리면 아주 만족할 만한 수준의 신뢰도 계수가 되리라고 예측한다.

참고로 Silver(1983)가 추정한 SDT의 신뢰도 계수를 소개한다. 그녀의 보고에 의하면, 12명의 학습장애아들에게 약 1개월 간격을 두고 재검사를 한 다음 검사-재검사 신뢰도를 추정했던바, SDT의 검사-재검사 신뢰도 계수는 .80(예측하여 그리기 하위검사), .84(관찰하여 그리기 하위검사), .56(상상하여 그리기 하위검사)이었다. 그녀는 정서적 특성을 재는 척도들의 검사-재검사 신뢰도는 추정하지 않았다. 상상하여 그리기 하위척도를 예외로

〈표 4-1〉 검사-재검사 신뢰도 계수

척도	남자	여자	소계
예측	.69	.53	.60
관찰	.80	.45	.68
상상	.60	.70	.67
전체(인지)	.75	.55	.68
투사	.73	.82	.76
자아상	.68	.84	.52
정서	.43	.94	.72

하고 나머지 두 하위척도의 검사-재검사 신뢰도 계수는 상당히 높은 편이고 사례 수가 12명에 불과한데도 K-SDT의 검사-재검사 신뢰도 계수와 거의 같은 수준이다.

2. 동형검사 신뢰도

K-SDT는 A형(자극그림카드 50매 제시), B형(자극그림카드 15매 제시)이라고 하는 두 개의 동형검사를 실시한다. 상상하여 그리기 하위척도를 실시할 때 수검자에게 50매로 된 자극그림카드를 제시하고 그중에서 3매의 그림을 골라 하나의 이야기로 만들어 한 장의 그림을 그리라고 하는 것은 A형 검사이고, 15매의 자극그림카드들을 주고 그 가운데서 2매의 그림 또는 카드를 선택하여 하나의 이야기로 엮어 한 장의 상상화를 그리도록 하는 것은 B형 검사다. 그러므로 K-SDT에서 동형검사 신뢰도는 상상하여 그리기 하위척도에만 적용된다.

27명의 6~9세 남녀 아동들에게 약 4~11주 간격을 두고 각각 A형 상상하여 그리기 하위척도와 B형 상상하여 그리기 하위척도를 실시했다. 물론 비슷한 내용의 검사를 받은 경험이 있는 수검자는 다음에 받은 검사의 점수에 미칠 영향을 통제하기 위해서 A형과 B형의 척도를 실시하는 순서를 무선으로 결정하였다. 상상하여 그리기 그림은 인지능력(선택, 조합, 표상)과 함께 그림 속에 비춰진 정서적 상태(투사)와 자기 이미지를 재기 때문에 동형계수도 각각 별도로 추정하였다. Silver는 SDT의 동형검사 신뢰도를 추정하지 않았기 때문에 K-SDT의 자료 데이터와 비교할 수 없어 매우 아쉽게 생각한다.

〈표 4-2〉 상상하여 그리기 하위척도의 동형검사 신뢰도

척 도	남 자	여 자	소 계
창의력	.85	.87	.87
투 사	.73	.69	.71
자아상	.80	.82	.81
정 서	.76	.78	.78

3. 문항내적 합치도: Cronbach α

내적 합치도는 Cronbach(1951)의 α계수로 추정하였다. 문항 하나하나를 각각 독립된 별개의 검사로 간주하고 수검자가 취득한 문항별 득점이 서로 일치하는 정도를 기준으로 하여 규정한 신뢰도가 검사의 내적 합치도다. 즉, 하위척도별로 K-SDT의 문항 수는 3개(인지적 능력을 재는 척도)이고 정서적 특성을 재는 척도는 PS(투사척도)와 SS(자아척도)에 각각 한 문항밖에 없다. PS와 SS 하위척도의 Cronbach α 계수는 기술적으로 추정이 불가능하고 두 하위척도에서 수검자들이 받은 득점을 합한 총점(정서적 특성)의 내적 합치도는 추정할 수 있다.

K-SDT의 Cronbach α계수는 .48(예측하여 그리기 하위척도), .49(관찰하여 그리기 하위척도), .24(상상하여 그리기 하위척도)이다. 이들 세 개의 하위척도에서 수검자들이 취득한 점수를 모두 합한 총점(인지능력 점수)의 내적 합치도는 .59(남자 .54, 여자 .56)이다. 정서적 안정성을 측정한 총점(투사척도 점수+자아상척도 점수)의 Cronbach α는 .71(남자 .55, 여자 .82)이다. 하위척도별 문항 수가 2~3개에 불과하다는 것은 내적 합치도를 추정하기

전에 Cronbach α 계수가 낮게 나올 수밖에 없다는 것을 예상하게 한다. 그럼에도 불구하고 최저 .57 이상의 신뢰도 계수가 추정되었다는 것은 A형과 B형이 상당히 동질적인 내용을 재고 있으며 필요에 따라 두 척도 중 어느 것을 실시해도 무방하다는 것을 시사한다. 즉, 검사 실시 시간이 부족하거나 수검자의 나이가 아주 어린 경우 A형 대신에 B형을 실시해도 무방하다는 것이다. 그러나 가급적이면 원칙적으로 A형을 실시할 것을 권장한다.

〈표 4-3〉 문항내적 합치도: Cronbach α 계수

척도	남자	여자	소계
예측	.48	.46	.48
관찰	.48	.47	.49
상상	.24	.23	.24
전체(인지)	.58	.56	.59
투사	.58	.79	.69
자아상	.52	.83	.73
전체(정서)	.55	.81	.71

4. 채점자 신뢰도

서술형 문답식 문항으로 만들어진 답안의 채점은 채점자가 다르면 동일한 답안을 채점한 결과에 차이가 생길 때가 종종 있다. 채점자가 달라져도 11개 문항 모두 채점결과가 일치되는 정도를 채점자 신뢰도라고 한다. K-SDT는 0~5점으로 채점하는 평정문항이기 때문에 채점자의 주관이 개

입되기 쉽고, 따라서 채점자 신뢰도가 매우 중요한 의미를 갖는 측정도구다.

K-SDT의 채점자 신뢰도 계수는 .89(예측하여 그리기 척도), .87(관찰하여 그리기 척도), .88(자아상 하위척도), .90(두 하위척도의 득점을 합한 총점, 정서적 특성을 재는 척도)이다.

참고로 Silver가 1983년에 추정한 SDT의 신뢰도 계수를 소개하면, 7명의 임상 전공 대학원생들과 상담심리 전공 학생들이 채점한 결과를 하위척도별로 예측하여 그린 그림의 채점자간 신뢰도는 .93, 관찰하여 그린 그림의 채점자간 신뢰도는 .91, 상상하여 그린 그림의 채점자 신뢰도는 .96, 투사척도 또는 정서적 내용척도의 채점자 신뢰도는 .94, 자아상척도의 채점자 신뢰도는 .74이라고 보고했다. 한편, Moser(1980)가 학습장애아동들에게 SDT를 2회 실시하고 지시하여 구한 검사-재검사 신뢰도 계수는 각각 .80(예측하여 그린 그림), .84(관찰하여 그린 그림), .56(상상하여 그린 그림)이었으나, 초등학교 3학년 학생을 대상으로 하여 추정한 SDT의 검사-재검사 신뢰도 계수는 .08(예측하여 그린 그림), .61(관찰하여 그린 그림), .70(상상하여 그린 그림)이었다고 보고했다.

이는 한국의 데이터에서 추정한 K-SDT의 신뢰도 계수는 일반적으로 미국 학생들을 대상으로 하여 Moser가 구한 SDT의 신뢰도에 비해 낮은 편이고, 더욱이 대상에 따라 그리고 하위척도에 따라 신뢰도 계수에 현저한 차이가 있다는 것을 시사하고 있다. 즉, 초등학교 학생들을 대상으로 하여 추정한 신뢰도 계수는 학습장애아로부터 수집한 데이터를 가지고 구한 신뢰도 계수보다 아주 낮다. 그리고 예측하여 그린 그림에 대한 검사-재검사 신뢰도가 .08이라는 것은 뜻밖의 수치다. 앞으로 K-SDT의 신뢰도에 대해서는 더욱 활발하게 연구되어야 할 것이며 각종 다양한 신뢰도 계수가 보고될 것으로 기대한다.

〈표 4-4〉 채점자 신뢰도 계수

척 도			채 점 자
예 측			.89
관 찰			.88
상 상			.90
전체(인지)			.92
투 사			.88
자아상			.88
전체(정서)			.90

〈표 4-4〉와 〈표 4-5〉에서와 같이 전체 대상(N=26명)에서 H-DAP와 K-SDT 정서특성 전체인 투사와 자아의 합은 r=-.4921로, 단측 1%의 유의수준에서 의미 있는 부적 상관이 있으므로 전체적으로 불안이 높은 아동은 K-SDT의 정서특성이 낮았다. H-DAP의 문항 2 찌그러진 그림 그리기와의 K-SDT의 상관은 자아상과 정서특성 전체에서는 각각 r=-.5457,

〈표 4-5〉 남녀 K-SDT의 정서특성과 DAP 및 하위문항 간의 상관

		DAP	문항1	문항2	문항3	문항4	문항5	문항6	문항7	문항8	문항9
전체 (26명)	투사	-.43	-.22	-.44	-.23	-.21	-.33	.027	.49	.17	-.38
	자아	-.41	-.21	.06	.06	-.45	-.11	.49	-.23	-.07	-.63
	정서	-.49	-.26	-.09	-.09	-.39	-.25	.31	-.39	.05	-.61
남자 (14명)	투사	-.32	-.22	-.41	-.03	-.03	-.48	-.01	-.32	.40	-.19
	자아	-.44	-.20	-.06	-.49	-.49	-.18	.65	-.16	-.02	-.79
	정서	-.48	-.26	-.56	-.33	-.33	-.42	.40	-.31	.24	-.62
여자 (12명)	투사	-.34	-.33	-.07	-.10	-.10	.07	.00	-.29	-.17	-.30
	자아	-.15	-.26	.15	-.07	-.07	.15	.35	.20	.00	-.42
	정서	-.25	-.31	.07	-.09	-.09	.13	.22	.00	-.08	-.41

r=-.5842로 부적 상관이 있었고, H-DAP 문항 6 작은 형태와의 상관은 자아상과의 관계에서 정적 상관이 있어 r=.4941이었다. 그리고 H-DAP 문항 9 그림 전체의 질적 조화에서는 정서특성 투사와 자아상 간에 부적 상관이 있어 r=-.6433, r=-.6069이었다. 남자와 여자로 구분한 자료에서도 전체와 유사했다.

제5장

타당도

1. 요인타당도
2. DAM을 외적 준거로 하여 추정한 인지적 능력 사정척도의 타당도
3. K-ABC를 외적 준거로 하여 추정한 인지적 능력 하위척도의 타당도
4. SDT와 CCAT, Otis-Lennon, WISC Perf., MAT Reading, SRA Math., IOWA Comp. 간의 상호 상관계수
5. DAP, H-DAP 및 ESC를 외적 준거로 하는 정서적 특성 사정척도의 공인타당도

타당도는 측정도구가 재려고 한 내용을 어느 정도 제대로 측정하고 있는지를 알아보는 것이다. 물건의 무게나 높이는 그 실체를 직접 보고 만질 수 있을 뿐만 아니라 그램(g) 또는 센티미터(cm) 등과 같이 측정의 단위도 분명하기 때문에 타당도가 거의 문제가 되지 않는다. 그러나 지능, 흥미, 우울증, 사회성 등과 같은 심리학적 구성개념은 직접 관찰할 수도 만질 수도 없어 항상 타당도가 문제된다. 사실 심리측정은 간접측정이다. 그로 말미암아 측정하려고 하는 내용과는 관계가 없는 성분 또는 속성이 측정결과에 포함되어 있을 때가 많다. 예컨대, 미술 감상능력을 테스트하는 10개 문항으로 된 테스트에서 2개의 문항은 미술사를 묻는 문항이고, 1개의 문항은 그림의 구도에 관한 지식을 재는 문항이며, 감상능력을 측정하는 문항은 7개 문항이었다고 하면 그 미술 감상 시험문제의 타당도는 70%에 불과하다.

K-SDT는 그림을 이용하여 그린 사람의 인지적 능력의 수준과 정서적

특성을 상태를 재려고 하기 때문에 그것이 측정하는 내용에 인지적 능력이나 정서적 특성과는 관계가 없는 '그림 그리는 솜씨'가 들어 있을 가능성이 있다. 만약 그러한 요소들이 포함되어 있다면 어느 정도인지 밝혀 검사결과를 해석할 때에 참고해야 할 것이다.

타당도와 신뢰도는 상호 밀접한 관계가 있다. 즉, Guilford(1954)가 신뢰도의 위축현상을 교정하기 위해서 제안한 공식 $r_{xy} = \sqrt{r_{tt}^2}$을 살펴보면, 신뢰도가 .81인 검사의 타당도는 절대로 .90을 초과하지 못한다는 것을 알 수 있다. 그러나 타당도는 낮지만 신뢰도가 높은 검사가 있을 수 있는가 하면, 반대로 타당도는 높지만 신뢰도가 낮은 검사가 있을 수 있다. 다시 말해서 타당도와 신뢰도는 별개의 실체요 독립된 개념이다. 따라서 신뢰도만 믿고 타당도가 낮은 검사를 쓰지 않도록 해야 할 것이고 부득이 타당도가 낮은 검사를 사용하는 경우, 그 검사의 타당도를 확인하여 검사결과의 해석에 참고해야 한다.

K-SDT의 타당도는 요인타당도와 공인타당도만을 추정하였다. 인지적 능력을 재는 척도의 공인타당도는 DAM과 K-ABC를 외적 준거로 하여 추정하였고 정서적 특성을 측정하는 척도의 공인타당도는 DAM, K-ABC, H-DAP, ESC를 외적 준거로 했다. DAM은 Goodenough(1926)의 인물화지능검사, K-ABC는 Kaufman(1983)의 아동용 지능검사(Kaufman Ability Battery for Children), H-DAP는 DAP를 이용해 아동의 불안수준을 측정할 목적으로 만든 Handler(1985)의 DAP, ESC는 최진승(2001)이 개발한 인벤토리식 아동용 정서안정성척도(Emotional Stability Scale for Children)를 말한다.

1. 요인타당도

K-SDT의 요인타당도를 추정할 목적으로 11개의 문항 또는 채점기준에 입각하여 채점한 점수를 Varimax 회전을 시켜 요인분석을 했다. 요인분석의 대상이 된 인원은 모두 487명이었다. 요인분석 결과를 요약하여 제시하면 〈표 5-1〉과 같다.

선택, 조합, 표상의 고유치(eigen value)만이 1 이상이고 나머지 문항들의 고유치는 모두 .30 이하다. 고유치에 다소 문제가 있기는 하지만 K-SDT의 요인타당도는 대체로 만족할 만한 수준이다. 선택(4번 문항), 조합(5번 문항), 표상(6번 문항)이 한 요인을 이루고 있고 그것은 상상하여 그리기 그림에서 채점된 성분임을 확인하였다. 마찬가지로 좌우(7번 문항), 상하(8번 문항), 전후(9번 문항), 표상(6번 문항)이 한 요인을 이루고 있고 그것은 곧 관찰하여 그리기 그림에서 채점되는 내용이었다. 투사(10번 문항)와 자아상(11번 문항)도 하나의 요인을 형성하고 그것들은 모두 예측하여 그리기 그림으로 채점된 내용이었다.

K-SDT의 11개 문항은 상상, 관찰, 예측, 투사 및 자아상이라는 4개의 독립된 요인으로 구성되어 있다는 것이 확실해졌다. '11개 문항으로 과연 상상력, 관찰력, 예측력 그리고 정서적 특성(투사, 자아상)이라는 독립된 요소들을 측정하고 있는가?'라는 의문이 쉴 새 없이 제기되어 왔다. 그러나 이 요인타당도의 결과는 그와 같은 의구심을 해소시켜 주기에 충분하였다.

〈표 5-1〉 K-SDT의 문항별 득점에 대한 요인분석 결과

번호	문항	요인1	요인2	요인3	요인4	Eigen값	비율	누가비율
4	선택	0.8612	0.0037	0.0005	0.0682	2.2899	0.4191	0.4191
5	조합	0.8441	0.0972	−0.0186	−0.0278	1.6540	0.3029	0.7220
6	표상	0.6516	0.0523	0.0099	0.1036	1.1374	0.2082	0.9302
7	좌우	0.0391	0.8508	0.0535	0.1818	0.3827	0.0701	1.0002
8	상하	0.0349	0.6508	−0.1014	0.3086	0.0973	0.0173	1.0176
9	전후	0.0866	0.5365	−0.0131	0.2418	0.0504	0.0092	1.0268
10	투사	−0.0395	0.0788	0.8088	0.0169	0.0276	0.0050	1.0318
11	자아상	0.0287	0.0315	0.6779	0.0555	−0.0067	−0.0012	1.0306
1	수평	0.0374	0.2848	−0.0387	0.5857	−0.0039	−0.0071	0.0236
2	수직	0.0207	0.1451	0.0342	0.4316	−0.0058	−0.0106	1.0130
3	순서	0.0455	0.0920	0.0482	0.3682	−0.0071	−0.0130	1.0000

2. DAM을 외적 준거로 하여 추정한 인지적 능력 사정척도의 타당도

6~12세 아동 272명(남자 143명, 여자 129명)에게 3~4주 간격으로 K-SDT와 DAM을 실시한 후에 DAM을 외적 준거로 하여 추정한 K-SDT의 공인타당도는 〈표 5-2〉와 같다. 이때 K-SDT와 DAM을 실시하는 순서는 무선화하였다.

남자와 여자의 데이터를 분리하여 예측하여 그리기 하위척도, 관찰하여 그리기 하위척도, 상상하여 그리기 하위척도 그리고 이들 세 하위척도에서 받은 득점을 합한 총점(인지적 능력 사정척도)의 공인 타당도를 추정하였다. 남녀별로 나누어 각각 타당도를 추정하되 남화(남자상 그림)와 여화(여

자상 그림)에 대한 점수의 타당도를 추정했고 남자와 여자를 합친 전체 사례 수를 가지고 척도의 타당도를 추정하였다.

DAM을 외적 준거로 하는 K-SDT의 공인타당도 계수는 .52~.88의 범위에 널리 산포되어 있다. 성별은 구분하지 않고 묶어서 추정한 공인타당도 계수는 .83(예측하여 그리기 하위척도), .77(관찰하여 그리기 하위척도), .75(상상하여 그리기 하위척도), 세 개의 하위척도에서 받은 득점을 합한 총점의 공인타당도 계수는 .84로 상당히 높은 편이다. 특히 예측하여 그리기 하위척도와 관찰하여 그리기 하위척도의 타당도 계수는 아주 만족할 만한 수준이라고 할 수 있다.

〈표 5-2〉 DAM을 외적 준거로 하는 인지적 능력 사정척도의 타당도

척 도	남 자			여 자			전 체		
	남화	여화	소계	남화	여화	소계	남화	여화	소계
예 측	.77	.74	.75	.88	.88	.82	.87	.84	.83
관 찰	.61	.61	.64	.78	.77	.80	.76	.75	.77
상 상	.54	.52	.53	.64	.63	.68	.70	.78	.75
합 계	.70	.77	.71	.88	.86	.85	.85	.82	.84

3. K-ABC를 외적 준거로 하여 추정한 인지적 능력 하위척도의 타당도

109명(남자 63명, 여자 47명)의 5~6세 유치원, 초등학교 저학년 학생들에게 K-SDT를 실시한 2~4주 후에 K-ABC로 지능검사를 하여 K-ABC를

외적 준거로 하는 K-SDT의 공인타당도를 추정하였다.

K-ABC는 순차처리 하위척도, 동시처리 하위척도, 성취도 하위척도 등 3개의 하위척도로 구성되어 있지만 순차처리 하위척도와 동시처리 하위척도에서 취득한 점수를 합쳐 정보처리능력 혹은 인지능력 하위척도라고 하므로 여기서는 순차처리 하위척도와 동시처리 하위척도만을 외적 준거로 하였다. 추정결과는 〈표 5-3〉과 같다.

〈표 5-3〉 K-ABC를 외적 준거로 하는 인지적 능력 하위척도 타당도

척 도	남 자		여 자		전 체	
	순차처리	동시처리	순차처리	동시처리	순차처리	동시처리
예 측	.64	.21	.38	.10	.02	.14
관 찰	.51	.06	.14	.27	.20	.14
상 상	.05	.21	.42	.57	.13	.43
합 계	.04	.28	.42	.52	.20	.43

K-ABC를 외적 준거로 하여 추정한 K-SDT의 타당도를 추정한 결과 DAM을 외적 준거로 해서 타당도를 추정했을 때와 마찬가지로 예측하여 그리기 하위척도와 관찰하여 그리기 하위척도의 타당도 계수가 다소 높지만 상상하여 그리기 하위척도의 타당도 계수는 아주 낮다. 그리고 세 하위척도로 합해서 인지능력을 쟀을 때보다 두 하위척도(예측, 관찰)의 점수를 합산했을 때의 타당도가 훨씬 더 높게 나타났다. K-ABC의 순차척도 및 동시척도의 득점과 K-SDT의 인지능력 하위척도 득점 간의 상관계수는 상당히 낮았다. 그것은 두 척도가 측정하는 인지적 능력 부분이 다소 다른 점에서 기인한 것으로 보인다.

4. SDT와 CCAT, Otis-Lennon, WISC Perf., MAT Reading, SRA Math., IOWA Comp. 간의 상호 상관계수

〈표 5-4〉는 비록 Silver(1983)가 수집 · 정리한 것이지만 우리나라에서 추정한 K-SDT의 공인타당도와 비교 · 검토할 수 있어 소개하고자 한다. 이는 미국의 National Institute of Educational Project(1980)에서 SDT의 공인타당도를 추정할 목적으로 연구한 SDT와 6종의 지능검사 및 학력검사 간의 적률 상관계수다. CCAT는 캐나다 인지능력검사(Canadian Cognitive Abilities Test), Otis-Lennon은 오티스-레논 학업능력검사(Otis-Lennon School Ability Test), WISC Perf.는 웩슬러 지능검사(WISC Performance I.Q)를 말하며 이것들은 모두 인지능력을 재는 지능검사도구다. MAT Reading은 MAT 읽기검사, SRA Math.는 SRA 수학능력검사, IOWA Comp.는 아이오와 기초학력검사(Iowa Test of Basic Skill Comprehensive)를 말하며 이들은 미국에서 널리 사용되고 있는 학업성취도검사다. 이들 척도에서 받는 점수들과 SDT 점수 간의 상관계수는 〈표 5-4〉와 같다. 그리고 〈표 5-5〉는 Silver(1983)가 36명의 학습장애아들로부터 수집한 데이터를 가지고 SDT와 DAM, BGT, WAIS-Verbal, WISC Perf. 득점 간의 상호 상관을 추정한 결과를 정리한 것이다.

미국 아동들을 대상으로 추정한 타당도 계수이지만 K-SDT의 공인타당도 계수와 그 값이 거의 유사하고 비교적 낮은 편이다. 예측하여 그리기 하위척도와 상상하여 그리기 하위척도의 공인타당도 계수는 지능지수를 외적 준거로 하든, 학력검사(성취도)를 외적 준거로 하든 둘 다 중간 정도(.30)이고, 관찰하여 그리기의 하위척도의 공인타당도는 둘 다 현저하게

〈표 5-4〉 SDT와 CCAT, Otis-Lennon, WISC Perf., MAT Reading, SRA Math., IOWA Comp. 간의 상호 상관계수

척도	N	예측	관찰	상상
CCAT	25	.33	.05	.50
Otis-Lennon	99	.30	.50	.39
WISC Perf.	65	.33	.16	.37
MAT Reading	76	.32	.03	.31
SRA Math.	65	.36	-.15	.37
IOWA Comp.	20	.11	.55	.44

낮게 나왔다(대략 .05).

한편, DAM과 상관계수는 .75(상상하여 그리기 하위척도), .31(관찰하여 그리기 하위척도) .62(예측하여 그리기 하위척도), .72(총점, 인지능력을 재는 척도)이고, BGT와의 상호 상관은 .17～.50, WAIS(P)와의 상호 상관은 .35～.60에 흩어져 있으며 비교적 높은 편이다.

K-SDT와 미국판 SDT 둘 다 DAM과의 상관이 높게 나오는(.31～.82) 이유는 K-SDT, 미국판 SDT, DAM 모두 그림을 이용하여 측정하고 있다는 점에서 동일한 조건이기 때문으로 보인다. 그러나 CCAT, Otis-Lennon, WISC, K-ABC 등과 같은 지능검사와의 상관은 의외로 낮게 나왔다(.01～.60).

WAIS(V)처럼 언어나 문자를 사용하여 지능을 재는 WAIS(V)와의 상관은 아주 낮지만(.01～.18) 그에 비해 동작성 지능을 재는 WAIS(P)와의 상관은 상당히 높은 편이다(.30～.60). 또한 MAT Reading, SRA Math., IOWA Comp.와 같은 학력검사(성취도)와의 상관은 대단히 낮은 편이다(.11～.32). 그것이 Sliver의 SDT의 타당도가 낮아 지적 능력을 측정하는 도구로서 가치가 없다는 것을 의미하는 것은 아니다. 언어적 능력의 비중이 가중되

〈표 5−5〉 SDT와 DAM, BGT, WAIS(V), WAIS(P) 간의 상호 상관계수

척 도	DIS	DOS	PDS	TOTAL	DAM	BGT	WAIS (V)	WAIS (P)
1. DIS(상상)								
2. DOS(관찰)	.45							
3. PDS(예측)	.62	.22						
4. TOTAL(총점)	.88	.71	.75					
5. DAM	.75	.30	.62	.72				
6. BGT	−.59	−.17	−.42	−.50	−.37			
7. WAIS(V)	−.04	.18	.01	.20	−.12	−.01		
8. WAIS(P)	.59	.37	.50	.60	.60	.60	−.45	.01

는 전통적인 지능검사와 달리 K−SDT나 SDT는 시각적 공간지각과 관계되는 인지적 능력을 재고 언어적 능력이 거의 요구되지 않은 그림을 써서 그림에 나타난 인지적 능력이다. 이는 문자해독이 어렵거나 학습장애, 커뮤니케이션 기술에 문제가 있는 사람들을 대상으로 인지적 능력을 잴 때에 적합한 도구라는 것을 시사한다.

5. DAP, H−DAP 및 ESC를 외적 준거로 하는 정서적 특성 사정척도의 공인타당도

DAP와 H−DAP 및 ESC를 외적 준거로 하는 K−SDT 정서적 특성 사정척도의 공인타당도는 규준집단(남자 240명, 여자 250명, 전체 490명)을 대상으로 하여 수집한 데이터로 추정했다. 전체적으로 보면 K−SDT의 투사 하위

척도(PS)와 DAP의 상관계수는 .64, 자아상 하위척도(SS)와의 상관은 .59, 이들 두 하위척도에서 받은 총점(정의적 특성을 재는 척도)과의 상관은 .62이다.

H-DAP와 PS, SS 총점과의 상관은 .46, .53이다. K-SDT에서 정서적 특성을 재는 척도와 DAP는 모두 그림을 이용하여 그것을 그린 사람의 정서적 특성을 사정하고 H-DAP도 역시 그림으로 그것을 그린 사람의 불안 상태를 재고 있으므로 DAP, H-DAP를 외적 준거로 하는 K-SDT의 공인 타당도는 비슷한 수준일 수밖에 없다.

ESC와의 상관계수는 .46(투사), .51(자아상), .53(투사 및 자아상 하위척도의 점수를 합한 총점)이었다. 이 계수들은 측정이론에서 보면 신뢰도가 아주 낮은 편이라고 말한다. 그러나 DAP는 수량적인 채점과 해석보다 정신분석학적 · 임상적 해석을 강조하고, H-DAP는 DAP를 이용하여 불안을 측정하는 것이고, ESC는 아동의 정서적 상태를 사정한다고 하지만 자기보호식 집필검사이므로 이들 척도들이 측정하는 내용이 상당히 다른 내용이 아닌가 의심되며 그로 인해 타당도 계수가 낮았으리라고 생각한다.

〈표 5-6〉 DAP 및 H-DAP, ESC를 외적 준거로 하는 정서특성 사정척도의 타당도

척 도	남 자			여 자			전 체		
	DAP	H-DAP	ESC	DAP	H-DAP	ESC	DAP	H-DAP	ESC
투 사	.62	-.34	.57	.60	-.34	.42	.64	-.42	.46
자기상	.58	-.43	.43	.61	-.14	.48	.59	.40	.51
총 점	.64	-.48	.62	.63	-.24	.54	.62	.49	.53

K-SDT의 타당도에 대한 정보는 요인타당도와 공인타당도뿐이었다. 그

리고 이 측정도구는 학습장애아를 비롯하여 발달장애아나 정신이상자에게 널리 사용되고 있음에도 그와 같은 사람들을 대상으로 하여 추정한 타당도는 아직 준비하지 못했다. 가까운 장래에 사례 수도 늘리고 특수 모집단을 많이 표집하여 구인타당도를 비롯하여 예언타당도 등 다양한 타당도 계수를 제시할 계획이다. 검사결과를 해석할 때 타당도에 관한 정보를 유용하게 활용할 것을 권장한다. 예컨대 K-SDT에서 인지적 능력을 잰 지표를 가지고 지능지수를 알고자 할 때 예언타당도 계수를 이용하여 추정의 오차를 추정한 다음 조심스럽게 지능 지수를 추정하도록 해야 한다.

제6장
규준

1. 규준집단

2. 규준작성

한 검사에서 특정 집단 혹은 하위집단들이 받은 원점수를 연령, 학년, 거주지역 혹은 남녀별로, 중앙치, 평균, 분산, 순위 등을 기준으로 하여 치환시킨 통계치를 규준(norm)이라 한다. 정확히 말하자면 원점수를 표준점수로 전환시킬 때에 쓰는 기준이 규준이다. 예를 들면, 집중경향치(집단별 평균치, 중앙치)를 비롯하여 단계표준(발달단계 또는 백분위), 편차치(Z-점수, T-점수, C-점수 등), 표준(standard)처럼 일정한 도달점 목표나 가치판단 등과 같은 것이 규준이다. 그러나 그 뜻이 변색 또는 일반화되어 심리검사에서는 어떤 일정한 틀이나 기준에 입각하여 원점수가 표준점수로 전환된 것을 규준이라고 하게 되었다.

곱지 않은 얼굴 바탕에 온갖 고급 화장품을 야단스럽게 발라도 결코 미인이 될 수 없는 것과 같이, 신기한 어떤 기준을 갖고 표준화했다고 할지라도 원점수분포의 신뢰도와 타당도가 낮으면 규준의 신뢰도와 타당도가 낮아진다. 반대로 원점수가 이론적으로 골고루 분포되어 있으면 표준점수로 전환하는 방법과 절차에 다소 미숙한 점이 발견되어도 규준은 튼튼하고 만족스럽다는 느낌을 줄 때가 있다. 규준들도 좋고 쓸모 있는 기준과 가치가 낮고 쓸모 없는 기준으로 나누어진다.

규준이 잘 작성되었다 또는 잘못 작성되었다고 평가하는 기준은 규준집단의 크기와 표집절차의 합리성 문제다. 규준집단을 표집하는 절차와 절차의 적합성을 거론할 때 원점수의 분포 상태를 보게 된다. 바꾸어 말하면, 표집의 크기가 만족할 만한 수준이고 온당한 표집절차가 동원되었다면 규준집단의 원점수가 이상적인 정상분포를 이루게 되어 어떤 방법 또는 기준을 이용하여 표준점수로 전환해도 검사규준은 사용이 가능한 좋은 규준이 된다.

반대로 원점수분포가 정상분포를 형성하여 표집의 크기와 대표성, 표집전략, 표준점수 전환방략 등이 모두 적절하였다고 판정되면 규준도 신뢰롭고 쓸모 있는 규준이라고 인식한다. 그래서 원점수가 정상분포를 이루고 있다는 사실이 확인되면 표집의 크기, 표집전략, 표준점수 전환방략에 대해서는 일절 논하지 않는다. 원점수가 정상분포를 이루어야 한다는 것은 믿을 만한 규준을 낳기 위한 전제조건이며 동시에 종착역이라고 할 수 있다.

그러나 규준의 질을 검토하는 일반적인 절차는 규준집단의 표집방법과 크기를 따진 다음 규준을 작성한 과정과 그 결과를 음미하는 단계를 밟는 것이 일반적이다. 이는 표집 수가 적으면 표집이 모집단과 닮은꼴을 이루어야 한다는 표집의 대표성 확보가 의심스러우며 원점수가 정상분포를 이루기도 어렵다는 것을 의미한다. 그러한 경우 어떤 방법으로 표준점수로 전환해도 그 규준은 수학적 전제조건을 충족시킬 수 없는 기형적인 규준이 되기 마련이다.

흔히 검사자는 규준표를 보고 검사자가 받은 원점수에 버금가는 표준점수를 찾을 줄 알면 되고, 규준의 질을 따질 필요가 없고, 그것은 검사 제작자가 할 일이며, 검사 사용자가 해야 할 일은 아니라고 생각하는 경향이 있다. 그러나 어떤 형태이든 소비자가 상품의 질을 평가하지 않으면 누가 한단 말인가? 만약 질이 나쁜 우유를 사서 자녀에게 먹인 결과 복통을 앓게 되었다고 하면 그 책임은 생산자와 판매자에게 있을 뿐 그것을 구매해서 마시게 한 부모에게는 아무런 책임이 없다고 할 수 있을까?

규준을 만들어 공개하는 것 그리고 검사자의 윤리적 책임에 속하는 규준의 질을 따져 그것을 사용할 때 적절한 조치를 취하는 것은 검사자의 윤리적 · 전문적 의무다. 이 장에서는 ① 규준집단과 ② 규준작성으로 나누어 K-SDT의 규준과 작성 배경, 결과에 대해 설명하고자 한다.

1. 규준집단

K-SDT의 규준을 작성할 목적으로 전국에서 지역, 남녀, 연령을 유층으로 하여 총 906명의 4~12세 아동들을 규준집단으로 무선표집하였다. 그들은 모두 어린이집, 미술학원, 유치원, 초등학교 1~6학년 또는 중학교 1학년에 다니고 있는 아동들이었다. 또한 서울, 부산, 울산 등과 같은 대도시지역의 아동들과 인구가 많이 집중되어 있는 공장지역의 아동들이 상대적으로 많고 중소도시 및 농어촌에서 표집된 아동들의 수는 도저히 그 지역의 아동들을 대표할 수 없을 정도로 적게 표집되었다는 것을 시인한다.

표집된 규준집단을 연령 및 서열로 나누어 보면 〈표 6-1〉과 같다. 참고로 Silver(1983)는 SDT를 표준화할 때 동원한 규준집단의 크기도 제시하였다. 예를 들어, 표에서 4세는 4.0~4.11세, 5세는 5.0~5.11세, … 8세는

8.0~8.11세, … 11세는 11.0~11.11세, 12세는 12.0~12.11세를 가리킨다. 그는 총 624명의 6~18세 아동과 성인들을 규준집단으로 표집하였다. 표에 나타나지 않은 163명은 13~14세 아동 39명, 15~16세 아동 16명, 17~18세 아동 36명, 성인 77명이다. K-SDT는 4~12세 아동에게만 적용이 가능하게 규준집단을 표집하였지만 Silver는 SDT로 13~18세 청소년뿐만 아니라 성인의 인지적 능력과 정서적 특성도 잴 수 있게 규준집단을 선정하였다. 그는 6~7세 아동에 대한 규준은 불과 22명, 11~12세 아동은 27명, 12~13세 아동은 26명, 13~14세 아동은 39명, 15~16세 아동은 16명, 17~18세 아동은 36명을 대상으로 하여 작성하였다.

〈표 6-1〉 연령 및 성별로 표집된 규준집단

연 령	남 자	여 자	합 계	Silver
4	39	42	81	
5	57	53	110	
6	52	48	100	22
7	48	56	104	82
8	56	47	103	127
9	43	51	94	106
10	31	47	78	66
11	46	44	90	27
12	37	41	78	26
	409	429	838	456

남녀의 데이터를 분리하여 각각 별도의 규준을 작성하려고 하는 경우, 40~59명을 규준집단으로 해야 하고 남녀를 구분하지 않고 연령별 규준만

만든다고 할지라도 규준집단의 크기는 86~112명이 된다. 측정이론적인 관점에서 평한다면 K-SDT와 SDT에서 선정한 규준집단의 크기는 결코 만족스러운 상태가 아니다. 그렇지만 전통적인 의미의 심리측정검사와는 달리 일반 투사법을 비롯한 DAM, DAP 등과 같이 그림을 이용하여 사정하는 도구들을 개발할 때 표집하는 규준집단의 크기는 의외로 작다. 또한 규준집단의 표집절차도 크게 신경을 쓰지 않는 것이 상례다(Abt & Bellak, 1959; Gregory, 1992; Cronbach, 1978; Anastsi, 1986). 이는 K-SDT가 규준을 만들 때 선정한 규준집단의 크기와 표집절차에서 빗어진 문제점을 합리화시키려고 하는 것은 아니다. 단지 표집분포에 상당한 편의(bias)가 작용할 만큼 표집의 크기가 작았기 때문이었다는 것을 솔직히 인정한다.

앞으로 기회가 닿는 대로 지역별(대도시, 중소도시, 농어촌)로 규준집단의 크기를 확장하고 연령 및 남녀별 표집인원도 많이 늘려 충분한 데이터를 수집할 수 있게끔 규준집단을 선정할 계획이며, Silver의 SDT처럼 13~18세 청소년에게도 적용이 가능하도록 표집의 범위를 넓힐 작정이다. 또한 학습장애아, 발달장애아를 위시하여 특수교육 대상이 되는 모든 아동들과 정신장애로 의심되는 성인에게도 그들의 인지적 능력과 정서적 특성을 재는 측정도구로 사용할 수 있도록 할 예정이며, 특수집단에 속하는 대상들도 표집하여 특수집단용 규준을 작성할 수 있도록 규준집단을 선정할 계획이다.

이 책에서 밝혀 두고 싶은 것은 K-SDT의 규준집단 크기가 작다는 문제점이 다소 있다는 점이다. 그러나 시간과 비용을 별로 들이지 않고도 그림그리기를 통해서 지적 능력과 성격특성을 잴 때 쓰는 간이척도로서 규준집단의 크기는 그만하면 족하지 않을까 한다. 물론 규준집단의 규모가 커서 검사의 신뢰도가 높으면 좋지만 K-SDT는 인지능력 또는 정서적 특성의 발달에 이상이 있을 것으로 의심되는 아동을 우선적으로 스크리닝(screening)하는 도구이므로 규준집단의 크기가 작아도 크게 문제될 것은 없을 것 같다. 물론 인지능력 및 정서적 특성이 정상적으로 잘 발달되고 있는지 알아보기 위해서도 이 측정도구를 사용할 수 있다. K-SDT로 정서적 안정성이 결핍된 아동으로 판별되면 즉시 보다 정밀한 심리도구로 면밀한 검사를 할 수 있기 때문에 이러한 목적으로 사용하는 측정도구의 규준을 작성하기 위한 규준집단으로서는 별로 문제될 것이 없다고 생각한다.

K-SDT는 특수아동이나 정신장애를 겪고 있는 성인들의 인지능력과 정서적 특성을 측정하는 데 사용할 수 있는 아주 간편하고 유용한 도구임에도 불구하고 그들을 위한 규준집단이 따로 표집되지 않았으므로 적당한 시기에 특수아동용 규준과 정신장애를 겪고 있는 사람들의 규준을 개발해야 할 것이다.

검사자는 규준집단의 표집에 편의가 상당히 작용하고 있다는 것을 의식하고 검사결과를 해석하는 지혜와 경험이 필요하다. 검사자가 검사결과를 주의 깊게 해석한다면 규준집단의 표집에 다소 문제가 있다고 하더라도 수검자의 인지능력과 정의적 특성을 스크리닝하는 데 K-SDT가 큰 도움이 된다는 사실은 인정할 것이다. 앞으로 저자는 이 검사가 가지고 있는 단점은 연구를 통해 계속 더 보완할 것이다. 더불어 검사자는 해석에 세심한 주의를 기울일 것을 다시 한 번 당부한다.

2. 규준작성

K-SDT는 검사결과 채점용지(개인용)에 명시되어 있는 바와 같이 7종의

표준점수를 제공한다. 즉, 인지능력과 정서적 특성을 측정하는 두 개의 사정척도로 나누어지고 인지능력을 재는 사정척도는 다시 PDS(예측하여 그리기), DOS(관찰하여 그리기), DIS(상상하여 그리기)로 세분된다. 정서적 특성을 재는 사정척도에는 PS(투사척도)와 SS(자아상척도)가 있다.

모든 원점수를 하위척도별(PDS, DOS, DIS, PS, SS, 총점) 그리고 연령별(4, 5, 6, 7, 8, 9, 10, 11, 12세)로 평균 50, 표준편차 10으로 하는 T-점수로 전환하고 그에 대한 백분위(%ile)를 제시하고 지역별, 남녀별 규준은 따로 만들지 않았다.

원점수를 표준점수로 전환한다고 해서 원점수의 분포가 바뀌는 것은 아니다. 원점수가 정상분포를 이루지 않으면 T-점수로 전환해도 그 점수가 지니고 있는 의미를 해석하기 곤란하다. 예컨대 원점수가 심하게 편포되어 있거나, 종도가 너무 낮거나 높아 원점수가 특정 점수대에 집중되어 있거나, 반대로 널리 확산되어 있으면 T-점수의 최하점은 20점 이하 혹은 80점 이상이 되는 경우가 있다.

문명혜(2000)는 495명의 데이터를 가지고 지역(대도시, 중소도시, 농어촌) × 연령(4, 5, 6, 7, 8, 9, 10, 11, 12세) × 성(남자, 여자)으로 구획한 3원 변량분석을 시도했다. PDS, DOS, DIS 그리고 총점(인지적 능력)에 있어 지역 간에는 통계적으로 의미 있는 차가 발견되지 않았고, 성차는 특정한 연령층에 예외가 나타났지만 일반적으로 여자 아동들이 남자 아동들에 비해 높은 점수를 받는 경향이었으며, 연령별로는 통계적으로 현저한 차이가 발견되었다. 좀 더 구체적으로 말하면, 성별과 연령 간의 상호작용이 통계적으로 유의하여 4~8세까지는 여자 아동들이 받은 점수가 남자 아동들이 획득한 점수보다 높지만, 9세부터 차츰 반전되어 남자 아동들이 다소 미미하지만 여자 아동들이 받은 점수에 비해 높아지는 하위척도도 있고, 여자 아동들이 받은 점수가 남자 아동들이 받은 점수보다 유의하게 높은 하위척도도 있었다. 한편, 투사척도와 자아상척도의 점수와 그 두 척도에서 획득한 점수에 대한 3원 변량분석 결과는 주효과(지역, 남녀, 연령)에는 통계적으로 유의한 차이가 없었고 아주 불규칙한 상호작용만 나타났다고 하였다.

K-SDT의 규준을 만들 때에 사용한 규준집단은 대부분 저자의 연구에서 차용한 데이터다. 그러므로 PDS, DOS, DIS, 총점(세 하위척도의 득점을 합한 인지적 능력), PS, SS, 총점(두 하위척도 득점을 합한 정의적 특성)에 대한 지역별, 남녀별 규준은 만들지 않고 오직 연령별 규준(4, 5, 6, 7, 8, 9, 10, 11, 12세)만을 작성하기로 결정하고 지역별, 남녀별 규준을 작성하지 않았다. Silver는 정의적 영역을 재는 척도에 대해서는 규준을 만들지 않았지만 K-SDT는 인지적 능력과 정서적 특성을 재는 사정척도의 점수들을 표준점수로 전환시켰다. 그 이유는 다음과 같다(장차 규준집단의 범위와 크기를 더 넓혀 데이터를 수집 · 분석했을 때 하위척도별로 지역 간, 성별 간 평균 및 표준편차에 있어 뚜렷한 차이가 발견되면 지역별, 남녀별, 연령별 규준을 작성할 것을 약속한다.).

첫째, 아동들의 거주지역(대도시, 중소도시, 농어촌)에 따라 K-SDT 득점에 통계적으로 유의한 차가 발견되지 않았던 것은 표집 수가 너무 적고 표집의 대표성이 심하게 훼손되었기 때문이다. 한편, K-SDT의 득점들은 주효과로서의 성차 또는 남녀 × 연령 간에 유의한 상호작용이 나타났지만 지역별 및 남녀별 규준을 만들지 않았다. 남녀별로 각각 따로 규준을 작성하면 그것이 오히려 성차를 조장하는 계기가 될 수 있다는 페미니즘적 해석을 받아들여 일단 성별 규준은 만들지 않기로 했다.

둘째, Silver(1983, 1992)는 문항 수가 적고 점수분포에 규칙적인 패턴을 발견하기 어렵다는 이유로 정서적 특성을 재는 사정척도(PS, SS, 총점)의 점수들은 일절 표준점수로 전환하지 않고 인지적 능력을 재는 사정척도(PDS, DOS, DIS, 총점)의 원점수만을 T-점수로 전환하였다. 또한 SDT는 인지능력과 정서적 특성을 사정하는 척도는 깃발을 하늘 높이 열심히 흔들어 놓고서는 데이터를 통계적으로 해석하는 데 약간의 난점이 생겼다고 금방 기본 입장을 바꾸어 원점수를 T-점수로 전환시키지 않았다. 이것은 이해하기 어려운 처사다. 물론 솔직하고 양심적인 면도 있다. 그러나 한마디의 변명이나 설명도 없이 무조건 규준표를 작성하지 않은 것은 척도를 만드는 사람의 자세가 아니다. K-SDT에서 그러한 문제점의 원인을 추후 체계적으로 분석하여 수정·보완할 것을 약속하고 정서적 특성을 재는 사정척도(PS, SS, 총점)의 원점수도 일단 T-점수로 전환하였다.

셋째, PS와 SS는 각각 5점 평정척도 문항으로 구성되어 있고 그것들을 모두 T-점수로 전환하였다. PDS는 순서개념, 수평개념, 수직개념의 형성을 확인하는 3하위척도의 6점 평정척도 문항으로 이루어져 있고, DOS는 좌우개념, 상하개념, 전후개념의 획득을 재는 3하위척도의 6점 평정척도 문항이 들어 있으며, DIS에는 선택능력, 조합능력, 표상능력을 평가하는 3하위척도의 6점 평정척도 문항들이 나와 있다. PS와 SS의 원점수는 T-점수로 전환했지만 구체적인 항목들과 귀중한 정보를 제공하여 주고 있는 항목들임에도 불구하고 PDS, DOS, DIS에서 수검자들이 받은 원점수는 T-점수로 전환하지 않았다. 그 이유는 PS, SS는 각각 하나의 하위척도로 취급되고 있으나 순서, … 좌우, … 선택능력 등은 PDS, DOS 또는 DIS 하위척도에 포함되어 있는 측정항목으로 되어 있어 구조상의 위계가 다르기 때문에 표준점수로 전환하지 않았다고 판단한다. 그것들도 인지적 능력에 관한 귀중한 정보를 제공하는 측정항목이므로 〈부록 14〉에 제시되어 있는 측정항목별로 평균과 표준편차를 이용하여 필요한 경우 표준점수를 고쳐 사용할 것을 적극 권장한다.

T-점수는 이론적으로 평균은 50이고 20~80점에 분포되어야 하지만, 원점수분포에서 점수들이 지나치게 집중화되어 있으면 T-점수의 가용범위가 축소되어 T-점수로 전환했을 때 그 점수들이 30~70점 범위에 산재하게 되어 결과적으로 점수 해석에 지장을 초래한다. 예를 들면, 어떤 척도에서 T-점수로 30점을 받으면 최하점인데도 불구하고 그 경우에는 T-점수의 최하점으로 20점이기 때문에 맨 끝 점수는 아니라고 해석하는 오류를 범하게 된다. 반대로 그러한 분포에서 T-점수로 70점은 최고점이지만 일반적으로 T-점수의 최고점은 80이기 때문에 다소 낮은 점수로 생각하게 된다. K-SDT의 원점수분포에는 그러한 점수분포가 의외로 많다. 원점수분포가 정상분포를 이루고 있지 않으면 T-점수의 해석에 혼란이 야기되므로 반드시 하위척도 및 연령별 규준을 전체적으로 살펴본 다음 구체적인 해석을 해야 한다. 그러므로 검사자는 반드시 원점수분포의 통계치를 다각적으로 생각하는 시간을 가진 후에 표준점수를 찾아보는 습관을 기를 필요가 있다. 하나의 보기를 들면, 원점수분포가 심하게 부적으로 또는 정적으로 편포되어 있는 경우 극단의 몇몇 측정치를 편의상 절단(cut off)하고 인위적으로 정상분포곡선에 가까운 분포가 되도록 수정한 다음 표준점수로 전환한다. 여기서도 몇몇 원점수분포는 부득이하게 그와 같은 조치를 취한 다음 표준점수로 전환시켰다는 것을 밝혀둔다. 만약 규준표를 보기 전에 원점수분포를 점검하지 않으면 그와 같은 조치가 취해진 분포들을 확인할 수 없을 것이다.

원점수분포가 정상분포를 이루지 않거나 측정도구들의 신뢰도가 매우 낮을 경우 신뢰도를 높이려고 다각적으로 노력을 계속 기울일 때도 있지만 검사의 사용을 서두르는 연구자들도 적지 않다. 실시와 채점이 아주 간편한 도구인데도 불구하고 지나치게 신경질적으로 규준집단의 크기와 표집절차를 따지면 결과적으로 검사를 현장에서 사용할 기회가 지연되거나 사장될 우려가 있기 때문에 그것을 걱정하여 검사 사용을 다소 무리하게 추진하는 경우가 있다. 그들은 주로 임상적 판단에 의존하여 검사결과를 해석하는 검사자들이며 그들의 대표적인 검사로는 DAP를 들 수 있다.

제7장 결과해석

1. K-SDT는 어떤 내용들을 어떻게 사정하고 있는가
2. 검사결과 해석의 기본적, 철학적 관점
3. 통계적 추론과 임상적 판단의 기능: 차이점 비교
4. 인지적 능력을 재는 사정척도의 득점에 대한 해석
5. 정서적 특성을 재는 사정척도의 득점에 대한 해석

모든 도구나 연장은 그것을 만든 목적과 기능 또는 용도에 맞게 사용되어야 한다. 예를 들면, 망치는 못을 박거나 빼는 데 사용하여야 하고, 톱은 나무토막을 자를 때에 써야 한다. 심리검사 도구도 검사 실시 목적이 구현될 수 있도록 사용해야 한다.

우리는 개개인의 인지적, 정서적, 사회적 또는 신체적 발달을 객관적으로 파악하는 데 필요한 정보를 수집하여 개인 간 및 개인 내 차이를 보다 정확하게 확인하기 위해서 각종 심리검사를 실시한다. 그러므로 심리검사를 실시하여 채점·해석한 결과는 그 검사를 받은 사람을 이해하고 그의 심리적 문제 해결을 돕기 위해 적극적으로 활용되어야 한다. 그런데 현실은 어떠한가? 일일이 헤아릴 수 없을 만큼 많은 검사들이 실시되고는 있지만 검사결과가 제대로 활용되는 경우는 찾아보기 힘들다. 심지어 병원에서도 환자의 병을 진단하기 위한 수단으로 검사를 실시하는 것이 아니라 수입을 올리기 위하여 온갖 검사를 한다는 말이 나돌고 있다. 수천 원에서 수십만 원이 드는 테스트나 인벤토리를 매년 한두 번씩 실시하여 그 결과를 종합생활기록부에 기록하기만 하면 모든 일이 종료되었다고 생각하고, 검사결과를 교육적 목적으로 사용하려는 노력을 거의 하지 않는 실정이다.

어떤 어린이에게 K-SDT를 실시한 다음 채점과 해석을 하지 않고 그것을 책상 서랍이나 캐비닛 속에 넣어 두었다고 하면 그것은 아이가 장난으로 그린 그림이지 K-SDT는 아니다. 또한 아주 정확하게 채점하고 해석하였다고 할지라도 그 아동의 심리적 발달과 특성을 이해할 목적으로 사용하지 않는다면 그것도 K-SDT라고 할 수 없다. 이 말은 그림을 그리는 일은 가치 없는 일이고 그것을 그린 사람의 인지능력과 정서적 특성을 그리는 일은 사정하는 데 쓰여야만 그 그림이 소중하다는 것은 아니다. 그림 그리기는 예술이고 동시에 놀이이며 게임이다. 장난으로 그리는 그림도 그것을 그릴 때의 마음은 누구나 해맑고 따뜻하며 무아의 경지에서 도를 닦는 것과 같다고 한다. 특히 아이들은 누구나 그림 그리기를 좋아하고 즐거워한다. 이러한 점에 착안하여 Silver(1983)도 SDT 심리사정 기법과 함께 미술치료 기법과 발달지도 기법을 개발하였다. 지금까지 설명한 것은 '그림을 이용하여 그것을 그린 사람의 인지능력과 정서적 특성을 사정할 목적으로 그림을 그리게 했다면 그 그림은 당연히 그것을 위해 사용되어야 한다.'는 것을 강조하기 위한 말이었다.

어떤 검사든 검사결과를 정확하게 해석하기 위해서는 그 검사가 측정하는 내용을 조직적으로 파악하고 있어야 한다. K-SDT는 그림으로 그것을 그린 사람의 '인지능력'과 '정서적 특성'을 사정한다고 하는데, 그 도구로 측정되는 인지능력과 정서적 특성은 구체적으로 어떤 내용이고 그것을 어떻게 하면 수검자나 보호자에게 가장 효과적으로 전달할 수 있는가? 사정내용이 상이하면 검사결과를 설명하는 방식에 다소 차이가 있기 마련이지만, 검사결과를 보는 검사자의 관점이 다르면 동일한 내용이라도 그것을 설명하는 방법이 달라지며 결과해석도 달라질 수 있다. 결과해석 방법은 크게 통계적 추론과 임상적 판단으로 양분된다. 그중에서 어느 방략으로 검사결과를 해석하느냐 하는 것도 검사결과 해석에 상당히 영향을 미친다.

이 장에서는 ① K-SDT는 어떤 내용들을 어떻게 사정하고 있는가? ② 검사결과 해석의 기본적 · 철학적 관점, ③ 통계적 추론과 임상적 판단의 기능: 차이점 비교, ④ 인지적 능력을 재는 사정척도 득점에 대한 해석, ⑤ 정서적 특성을 재는 사정척도 득점에 대한 해석방법을 설명하기로 한다.

1. K-SDT는 어떤 내용들을 어떻게 사정하고 있는가

심리검사는 그 종류도 많고 구조와 기능도 각양각색이다. 예를 들면, 명칭은 다 같은 지능검사라고 해도 그것이 측정하는 내용은 검사마다 조금씩 다르고, 활동성이나 남향성, 여향성처럼 아주 좁게 정의한 구성개념도 그것들을 측정한 결과는 천차만별이다. 그럼에도 불구하고 상담센터 같은 곳에서는 심리검사에 관한 전문적인 지식과 경험이 부족한 검사자가 "당신의 지능지수는 117입니다." "추리력은 T-점수로 72예요! 아시겠어요!" "학생의 정서적 발달수준은 백분위로 83입니다. 상당히 높은 편이에

요."라고 수검자에게 통보하는 것을 볼 수 있다. 지능이란 무엇이고, 어떤 종류의 지능이 있으며, 그 검사가 측정한 것은 그중에서 어느 부분인지 설명할 능력이 없는 사람이 검사를 실시 · 채점하여도 아무런 문제가 되지 않는 것이 현실이다.

검사결과를 수검자 및 그 보호자에게 전달하자면 검사자는 무엇보다 먼저 검사가 측정하려는 내용을 알고 있어야 하며 필요한 경우 수검자가 알아듣기 쉽게 설명하는 능력이 필요하다. 어떤 검사가 측정하는 내용을 정확히 모르고서는 그 검사결과를 해석하는 것이 불가능하기 때문이다. 그것은 주소를 모르고 집을 찾으려고 골목과 담장 그리고 대문만 두리번거리면서 하루 종일 온 동네를 헤매다가 끝내는 엉뚱한 집을 찾아 문을 두드리게 되는 것과 흡사하다.

한 사람의 인상과 특징을 말하라고 하면, 예리한 관찰력과 해박한 경험을 가진 사람들 중에서도 어떤 사람은 그 사람의 풍채와 외모에 대해서만 이야기하고, 어떤 사람은 그의 말씨와 사람을 대하는 태도에 대해 보고하고, 어떤 사람은 그의 성격과 취미 또는 흥미에 대해서 언급한다. 아마도 그것은 '인상과 특징'이란 낱말이 지니고 있는 뜻이 너무나 크고 넓기 때문이라 생각한다. 검사결과를 제대로 정확하게 수검자에게 전해 주려면 낱말이 풍기는 어감만 갖고 피상적으로 이해할 것이 아니라 구체적인 보기를 들어 조작적으로 상세하게 설명할 수 있어야 하며 설명은 쉬운 말로 듣기 편하게 짧고 명료하여야 한다.

K-SDT는 인지적 능력과 정서적 특성을 사정하고 있다. 먼저 '인지능력'이란 말이 무엇을 뜻하는지를 알아보자. 인지(cognition)란 감각, 지각, 언어, 기억, 사고, 상상, 판단, 추리 등과 같은 우리의 인식활동을 통해 사물 및 사상에 관한 지식을 처리 · 획득하는 과정과 기능을 칭하는 일종의

심리학적 구성개념이다. 다루고 있는 내용을 중심으로 볼 때 인지심리학은 주의, 지각, 언어, 기억, 사고, 추리, 판단, 지능, 창의성 등과 같은 고차적인 지적 요소들을 다루는 심리학이 한 분야이고, 접근방법을 중심으로 보면 어떤 내용을 다루든 간에 심리학적 문제에 대하여 신경생리학적 또는 인간공학적 이론에 입각한 심리학들은 거의 대부분이 인지심리학 영역에 속한다. Raynolds와 Flagg(1977)가 지적한 바와 같이 인지심리학은 그것이 다루고 있는 내용에 따라서 그리고 접근하는 방법에 따라서 인지라는 개념이 매우 다양하게 정의되고 있지만 일반적으로 인지능력은 넓은 의미의 지적 능력을 의미한다.

보통 지적 능력은 사물을 지각, 인식, 변별하는 단순한 능력을 위하여 여러 사물들 간의 관계를 파악하고, 의사사통을 하며, 새로운 정보 및 지식을 획득 · 사용하는 고차적인 지적 작용 또는 학습능력과 문제해결력을 의미하는 개념이다.

그렇다면 인지능력과 지능은 어떻게 다른가? 또한 K-SDT에서 측정하는 인지적 요소는 지능과 같은 것인가? 일상생활에서 우리는 습관적으로 인지능력, 지적 능력, 지능이라는 세 낱말을 동의어로 사용하는 경향이 있다. 그것이 전적으로 틀렸다는 것은 아니지만 그 용어들을 사용할 때 불필요한 오해가 야기되지 않도록 하기 위해서는 세심하고 각별한 주의가 있어야 한다.

지능과 인지도 그것을 연구하는 학자에 따라 그 의미와 구조가 가지각색으로 정의되어 일치된 견해를 찾기 어려운 개념이다. 지능을 자신의 생활환경에 적응하는 개인의 정신적 능력이라고 정의함으로써 지능을 적응력으로 인식하기도 하고(Stern, 1928; Pinter, 1931), 지능을 학습능력으로 규정하기도 하며(Dearbone, 1931), 추상을 학습하여 그것을 구체적 사실과 관련시키는 사고능력으로 해석하기도 한다(Terman, 1921; Spearman, 1923). 또한 지금까지 논의한 여러 능력들을 종합적으로 포괄하여 지능이란 목적적으로 행동하며 합리적으로 사고하고 자신의 환경을 효과적으로 다루는 개인의 총체적인 능력으로 설명하기도 한다(Wechsler, 1939). 최근에는 지능을 적응과정이나 정보처리과정과 같이 지적 과정 그 자체로서 접근하려는 시도가 활발히 이루어지고 있다.

지능은 단일능력으로 생각되기 쉬우나 실제로는 다양한 능력의 복합체다. 학자들이 설명하고 있는 지능의 내용과 구조가 너무나 상이하여 지적 능력과 인지능력을 비교한다는 것은 지극히 어려운 작업이다. 한마디로 그것은 영역(domain)의 문제라고 할 수도 있다.

인지능력과 지능을 구분하는 것이 영역 설정에 따른 문제라고 한 것은 인지능력과 지능 각각이 구성하고 있는 내용들이 워낙 광범위하여 만약 양자가 측정하는 요소들이 완전히 일치되는 경우 인지능력과 지능은 동일한 개념이고 반대로 그 많은 요소들 가운데 서로 다른 요소들을 재고 있다면 인지적 능력과 지능은 별개의 개념이 되는 것이다. 인지능력과 지능을 재는 내용 가운데 일부는 일치되고 나머지 다른 부분들은 일치되지 않는 요소라면 일치되는 부분만큼 인지능력과 지능은 같은 개념으로 해석되어야 한다. 그것은 아시아인이라고 했을 때 한국인과 태국인은 다 같은 아시아인이지만 아시아라는 개념을 배제하고 한국인 또는 태국인이라고 했을 때 두 사람의 변별이 가능한 것과 같다. 이러한 관점에서, 인지능력과 지능 또는 지적 능력은 개념적으로 구별되고, 어떤 내용을 인지능력이라고 했느냐에 따라 인지능력도 천차만별이고 또한 무엇을 측정한 지능이냐에 따라 그 지능의 의미와 구조가 달라질 수밖에 없다.

K-SDT에서 측정한 인지능력은 구체적으로 어떠한 능력인가? 이 측정

도구가 그림을 통해 그것을 그린 사람의 인지능력을 잰 것은 관찰력, 예측력, 창의력이다. 바꾸어 말하자면, 수검자가 그린 그림에 순서, 수평, 수직의 개념이 사용되고 있고 좌우, 상하, 전후관계를 짓는 공간관계 개념이 표현되어 있으며 여러 개의 그림에서 제한된 수의 그림을 선택하여 성공적으로 조합하고 하나의 그림으로 표상하는 능력이 나타난 정도를 평가한다. 주로 그림 그리기를 통하여 나타나기 쉬운 기하적 · 미술적 기초 지각능력의 획득과 보존능력을 비롯하여 그림에 그려진 사물들에 대한 공간지각력과 여러 자극그림 중에서 제한된 수의 그림을 선택하여 조합하고 하나의 이야기로 만들어 그것을 한 장의 그림으로 나타낼 수 있는 표상능력들을 모두 인지능력이라고 규정하고 있다.

K-SDT로 측정하는 인지능력은 인지심리학에서 흔히 말하는 총체적 인지능력에 비해 아주 제한된 좁은 범위의 기초적인 인지능력이라고 할 수 있다. 그렇지만 K-SDT는 그것을 가지고 전체 인지능력이 어느 정도인지를 짐작할 수 있는 단서로 사용될 수 있다는 것을 가정하고 있다. 또한 K-SDT로 측정한 인지능력으로 일반 지적 능력의 정도와 지능지수를 추론할 수 있다고 전제한다.

K-SDT도 지능 또는 지능지수라는 용어를 사용하지 않으려고 무척 노력해 왔다(1992). 그것은 K-SDT로 측정한 인지능력을 지능지수로 간주하는 우를 초래하지 않기 위한 몸부림이었다고 생각한다. 벤더 게슈탈트 테스트(Bender Gestalt Test: BGT)를 보완 · 발전시킨 Pascal(1968)은 BGT 결과를 채점하여 수검자의 지적 능력을 사정할 수 있는 방안을 제시하면서 '지적 능력'을 사정한다는 표현을 쓰지 않고 '지적 발달' 단계 또는 수준을 확인하는 방략이라고 했다. 함부로 지능이란 용어를 써서는 안 되고 '지적 발달 수준' 또는 '인지발달 수준'이라고 표현하는 것이 가장 적합하다는 것

이 그의 주장이었다. 특히 아동의 지능 또는 인지능력은 아직 발달도상에 있고 환경의 변화에 따라 변하기 쉬운 가변적인 측면을 내포하고 있기 때문이라고 하였다. Pascal의 말은 인지능력, 지능, 지적 능력이란 용어의 뜻을 너무 함부로 쓰고 있는 우리 사회에 시사하는 바가 크다.

그렇다면 정서는 무엇을 가리키는 심리학적 구성개념인가? K-SDT가 측정하는 정서적 내용들은 어떤 것인가? 외적 자극이나 내적 상념에 관련되어 느껴지는 쾌-불쾌의 상태를 감정이라 하고 감정이 분화된 상태를 정서(emotion)라고 한다. 정서는 비교적 강한 생리적 반응을 수반한다. 흔히 나타나는 생리적 반응으로는 급격한 심장박동의 증진, 근육긴장, 땀의 분비, 동공 확대 등이 있고, 정서의 예로는 공포, 환희, 분노, 우울, 불안 등을 들 수 있다. 한편, 정서는 감정의 격한 정도에 관계없이 정적(情的) 의식을 수반하는 모든 행동을 지칭할 때도 있다. 발달이란 차원에서 보면 출생 초기에는 미분화된 막연한 혼돈의 흥분상태에서 출발하여 발달단계가 진행됨에 따라 점차 분화된 정서를 보여 주게 된다.

아동의 정서는 청년과 성인에 비해서 일시적이고 강력하다. 정서의 발달은 근본적으로 에너지 시스템이고 분화 · 확대의 과정이며 불완전한 것으로부터 안정화되어 가는 과정이라고 할 수 있다. 따라서 정서적 안정과 발달은 생리적 기제일 뿐만 아니라 환경적 조건에도 크게 의존하고 있다.

정서가 성숙 · 발달하려면 과격한 정서도 수시로 적당히 표출시켜야 점차 순화되고, 다른 사람들이 수용하고 그 사회와 문화가 받아들일 수 있을 만큼 자신의 정서를 통제할 수 있게 된다. 만약 그것을 지나치게 억제하면 내부에 축적되어 어느 시기에 돌발적으로 폭발하거나 무기력하게 되어 정서장애, 정서적 부적응의 원인이 된다.

2. 검사결과 해석의 기본적, 철학적 관점

수검자에게 검사결과를 통보하는 방법과 절차는 (송신자)×(정보의 내용)×(수신자) 간의 상호관계에 의해서 결정된다. 즉, 검사의 종류와 검사결과가 수검자에게 미치는 영향을 비롯하여 검사자의 인상, 성격, 화술, 대인관계 스타일과 정보를 받은 자(검사결과를 통보받는 자)의 교육수준, 정서상태, 기대, 태도, 검사경험 등이 어우러져 수검자에게 알려 주는 방략이 현장에서 즉시적으로 이루어진다. 그동안 검사의 득점을 수검자에게 통보하여 주는 가장 효과적이고 보편적인 방식이 활발히 논의되어 왔지만 기대를 충족시키지 못했다. 검사결과를 통보 · 해석하여 주는 방법이 워낙 개별적 또는 개성적 측면이 강하기 때문이라고 짐작된다.

'가을'을 소재로 하여 한 장의 그림을 그리라고 하면 어떤 학생은 황금빛 비단이 물결치는 모습을 연상하면서 갈대밭을 그리는가 하면, 캔버스에 온통 파란색 물감을 칠해서 천고마비라는 가을의 이미지를 나타내는 학생도 있으며, 화면을 삼단으로 나누어 맨 아래 부분은 파란색 바다로, 두 번째 칸은 노란색 갈대밭으로, 나머지 1/3은 파란색 하늘로 칠해서 가을의 이미지를 형상화하는 학생도 있다. 학생들이 추구한 소재는 다 같이 가을이지만 그들이 나타낸 가을의 이미지는 갈대, 바다, 하늘로 각기 다르게 표현했다는 것을 알 수 있다. 검사결과도 동일한 종류의 정보이지만 어떤 사람이 누구에게 그것을 보고하느냐에 따라서 다양한 모습으로 수검자에게 전달되는 경우가 종종 발생한다.

그렇지만 의사결정에 유용한 하나의 정보로서 검사결과를 수검자에게 제공하는 과정은 그 정보의 성질과 정보를 주고받는 사람들의 성격과 취향에 따라 부분적으로 차이가 있을 수 있다고 할지라도, 검사결과 또는 점수에 대한 검사자의 기본 절차 및 자세만은 논리적이고 일관성이 있어야 할 것이다. 변창진(1964)은 『심리기술과 진단기술』에서 검사결과를 다룰 때 검사자가 검사결과에 대해 가져야 할 중요 기본 관점 및 철학을 간단히 소개하였다.

① 정수성-혼착성

심리검사를 이용하여 측정한 결과(점수)가 애초 그 검사가 재려고 목적한 내용만을 순수하게 측정했는지 아니면 다른 요소들도 섞여 측정되었는지 검사결과를 해석하기 전에 엄격히 따져야 한다. 이에 대한 답은 심리검사의 신뢰도와 타당도에서 좀 더 깊이 논의될 것이다.

이 세상에 100% 정확한 측정도구는 없으며 항상 얼마만큼의 불순물이 검사결과에 섞여 있다. 그것이 어느 정도 혼탁하고 검사결과에 어떤 영향을 주었는지를 조사하여 검사결과 해석 시 참고해야 한다. 그와 같이 검사결과에 내포되어 있는 불순물을 검사의 혼착성의 정도라고 한다. 결과적으로 검사결과는 혼합물을 측정한 것이고 우리는 그중에서 수검자에게 필요한 순수 부분만을 골라서 알려 줄 의무가 있다.

② 전체성-부분성

아주 특별한 경우를 제외하면, 거의 모든 검사들은 그것이 측정하려고 하는 대상 또는 내용의 전체량을 추정하기 위함이지 측정된 그 부분만을 재려고 하지는 않는다. 광산의 채광에 비유한다면, 검사결과 또는 점수는 그 광산에 매장된 전체 금의 매장량이 얼마인지 알아보기 위함이지 추출한 표본에서 추출한 금의 무게 또는 부피를 알아보기 위함이 아니다.

예를 들면, 사칙연산 또는 활동성을 측정하는 문항들의 모집단은 무한이다. 그러나 실제 그것들은 문항 모집단(item universe) 중 20~40개 정도만 선정한 문항표(a sample of items)로 측정한 내용이다. 그렇지만 그것은 30개 또는 40개의 문항으로 잰 수량을 지칭하는 것이 아니라 문항 모집단으로 측정하는 값을 추정한 수치라고 보아야 한다는 것이다.

③ 요소성-역동성

활동성, 판매직에 대한 직업 흥미, 추리력 등과 같은 심리적 특성을 검사한 결과(점수)를 보고 오직 하나의 독립된 요소로 측정한 값으로만 그 의미를 찾으려는 경향이 있다. 그러나 그 특성의 질과 양은 그 사람이 가지고 있는 다른 여러 특성이나 조건들과 상호 관련되어 역동적이며 유기적인 작용을 할 때 비로소 의미를 가진다.

요소성을 지나치게 강조하다 보면, 전체 시스템의 구조와 기능을 고려하지 않고 그 시스템을 구성하고 있는 특정 단위(unit)의 기능만을 따지는 일에 집착하는 잘못을 범할 위험이 있다. 반면에 지나치게 역동성의 설명에 치중하다 보면, 시스템을 구축하고 있는 여러 단위들의 독자성과 기능을 간과할 수 있다. 그러므로 검사결과를 설명할 때 검사자는 요소성과 역동성을 동시에 고려하여 신중히 해석하도록 노력해야 한다.

④ 절대성-상대성

심리검사에는 수검자가 가지고 있는 심리적 특성이 어떤 준거나 표준을 잣대로 삼았을 때 그 기준에 도달하였는지 여부와 정도를 확인하는 준거기준검사(criterion referenced test: CRT)가 있고, 반면에 수검자가 지니고 있는 어떤 심리적 특성이 그와 비슷한 연령층 또는 직종의 사람들에 비해 그 양과 질이 상대적으로 어느 정도인지를 판별하는 규준기준검사(norm referenced test: NRT)가 있다. 흔히 CRT를 절대기준검사, NRT를 상대기준검사라고 하며 심리검사에는 일반적으로 CRT보다 NRT가 많다.

심리검사에 내재하고 있는 뿌리 깊은 NRT 전통으로 인하여 심리학에서는 종종 개인의 권위와 개성 그리고 독자성을 존중하여 최대한 자기실현을 할 수 있도록 돕기 위해 심리검사를 실시한다고 주장한다. 그러나 결과는 상대적 가치에 휘말려 있다. 때때로 우리 주변에 자기도취에 빠져 심리검사의 결과를 절대적인 것으로 수검자에게 인식시키려고 하는 검사자를 더러 볼 수 있다. 그러나 검사결과는 항상 상대적이고 가변적이라는 것을 잊어서는 안 된다.

⑤ 특정성-일반성

개인차를 밝히려는 심리검사가 수검자에게 검사결과를 설명할 때 원점수를 표준점수로 전환한 다음 준거기준검사 방식의 해석에 몰두함으로써 결과적으로 개인의 독특성(uniqueness) 혹은 특정성을 말살하고 일반적으로 평균인(an average man of the universe) 관점을 강요하는 해석을 할 때가 있다. 이러한 경향은 성격검사나 흥미검사 등과 같이 정서적 특성을 재는 검사결과의 해석에서 자주 나타나는 현상이다.

심리검사를 하는 주된 목적은 한 사람의 심리적 특성에 개인이 가지고 있는 공통성과 일반성이 어느 정도인지, 그리고 그가 지니고 있는 독특성이 어느 정도인지를 확인하는 것이다. 그러므로 검사결과를 수검자나 보호자에게 통보할 때 검사 점수가 지칭하는 특정성과 일반성을 빠짐없이 설명하여 주려는 노력이 필요하다.

⑥ 질적-양적

인간의 행동은 양적으로도 질적으로도 설명할 수 있다. 그러나 심리검사를 통하여 관찰하고자 하는 것은 대부분 양적으로 기술된다. 그것은 양적으로 기술된 것이 질적 기술에 비해 훨씬 객관적이고 정확하다는 편견 때문에 생긴 것이라고 여겨진다.

질적 평가가 일반적으로 양적 평가보다 복잡하고 힘들며 시간이 많이 걸리고 평가자의 주관이 개입되기 쉬운 단점이 있다는 것은 인정하지만, 양적 평가에 비해 훨씬 전체적이고 포괄적이며 심층적인 해석이 가능하다는 장점도 있다. 그러므로 검사결과를 해석할 때는 양적 기술과 질적 설명을 병행하는 절충적인 접근을 택하는 것이 바람직하다.

⑦ 결정성-설명성

검사결과는 개인의 심리상태 또는 행동을 기술, 설명하는 것이지 절대로 그 점수 자체가 그 사람의 행동을 결정하는 것은 아니다. 그렇지만 가끔 검사결과를 절대적으로 신봉하고 오랫동안 그것을 위해 줄기차게 노력한 나머지, 검사결과가 지칭하고 있는 모습의 사람으로 성장할 때가 있다. 그때 그 심리결과는 그 사람의 장래와 삶을 결정했다고 할 수 있다. 이는 직업적성검사에서 종종 나타나는 현상 중의 하나다.

원칙적으로 심리검사는 수검자의 현재 심리적 상태, 능력, 취향 등의 수준을 설명하는 것이지, 그것이 장차 어떤 수준까지 변화 또는 발달된다는 결정적인 해석을 가하지도 않거니와 그렇게 할 수도 없다. 그러므로 수검자가 검사결과를 미신이나 부적과 같이 지나치게 맹신하여 의외의 불행과 결과를 초래하는 일이 없도록 주의해야 한다.

3. 통계적 추론과 임상적 판단의 기능: 차이점 비교

심리검사와 검사결과에 대해 검사자가 가지고 있는 기본 철학적 태도는 검사결과 해석에 큰 영향을 미치며 결과해석에 작용하는 요인들은 무수히 많다. 일반적으로 검사결과를 수검자에게 해석 · 통보하는 방략을 통계적 추론(statistical inference)과 임상적 판단(clinical judgement)으로 양분하고, 그중에서 어느 방략을 사용하느냐에 따라서 검사결과의 해석방식은 현저하게 달라진다(Gregory, 1992; Kaplan & Sccuzzo, 1993; Murphy & Davidshofer, 1994). 통계적 추론은 심리측정학파 심리학자들이 심리측정검사(psychometric tests)의 결과를 통보할 때 주로 사용하는 전략이고 임상적 판단은 로르샤흐, TAT 등과 같은 인상묘사검사(impressionistic tests)를 애용하는 인상묘사학파 심리학자들을 위시하여 임상심리 전문가나 카운슬러가 검사결과를 해석할 때 즐겨 쓰는 방략이다. 물론 현장에서는 MMPI나 SCVI처럼 통계적 추론과 임상적 판단이 갖고 있는 장점들을 적당히 묶어 절충적인 접근을 많이 사용하고 있지만 여기서는 두 방략에 대한 이해를 분명히 하기 위하여 이분법적인 설명만 하기로 한다.

검사결과를 수검자나 그 보호자에게 통보하여 줄 때 수검자가 받은 점수의 의미 또는 가치를 확률론에 입각하여 해석하는 것을 통계학적 추론이라 하며 이때 확률론은 정규분포곡선 모델을 가리킨다. 심리측정이론에 바탕을 두고 만든 심리검사를 실시한 다음 그 검사에서 취득한 점수를 실시요강에 있는 규준, 신뢰도, 타당도 등과 같은 테크니컬 리포트(technical report)를 보고 해석하는 접근방식이다(Anastasi, 1976; Cronbach, 1984). 심리측정론은 모집단을 대표할 수 있게 잘 표집된 표본이라면 거의 모든 측정치는 가장 이상적인 정상분포를 이루게 되므로 어떠한 수검자이든 그 검사에서 그가 획득한 점수는 정규분포곡선의 원리에 입각하여 득점의 가치를 확률론적으로 해석할 수 있다는 것을 가정하고 있다. 예를 들어, 어떤 검사의 규준을 작성하기 위한 표본에서 원점수 48은 T-점수로 78점이고 PR=98이면 어떤 수검자가 그 검사에서 받은 원점수가 48점일 때에 그의 T-점수도 78점이고 백분위는 98이라고 확률적으로 해석하는 것이 통계적 추론에 의한 검사결과의 해석이다.

의학적 이론과 기술의 실질적 적용에 주안점을 두고 환자를 진단하고 치료하는 것을 임상이라고 하는 것처럼 병원, 센터, 소년원, 감별소, 양로원, 고아원, 상담센터 등과 같은 기관에서 문제행동이나 상태를 찾아 그 원인을 규명하고 대책을 처방한 다음 치료효과를 확인할 목적으로 심리검사를 실시한다. 그와 같이 실제 현장에서 일하는 전문가를 흔히 임상가라고 부르며 이들 임상 전문가들은 검사결과를 해석할 때 통계적 추론에 의존하지 않고 임상심리 전문가나 카운슬러 자신이 현장에서 쌓아올린 실제 경험을 기준으로 하여 검사결과를 해석 · 판단한다. 그러한 접근을 임상적 판단을 잣대로 하는 검사결과 해석이라 일컫는다. 예를 들면, 가출예상 아동의 임상적 판단을 위해 20문항 정도로 구성된 체크리스트에서 규준조사에 나타난 데이터를 근거로 하여 몇 개 항목이 체크되었다고 하여 가출이 예상되는 아동으로 분류하는 것이 아니라, 임상심리 전문가의 임상적 경험에 비추어 일정 항목들이 체크되었을 때 가출예상 아동으로 판단하였다고 가정해 보자. 항목 체크의 개수로 가출 예상아동을 분류하는 것이 아니라 임상심리 전문가의 임상적 경험에 비추어 어떤 항목들이 체크되었을 때 가출할 것이라고 판단된다는 소견을 피력하였기에 임상적 판단 검사결과 해석방법이라고 할 수 있다.

검사결과에 대해 통계적 추론에 입각한 해석을 하자면, 검사자는 원점수를 계산하여 규준표에서 표준점수를 찾아 검사의 신뢰도와 타당도를 의식하면서 재산세, 전기세, 수도세 고지서처럼 그 점수에 대응하는 T-점수와 백분위 등과 같은 수치만을 알려 주는 일에 몰두한다. 그러므로 검사결과의 해석에 대한 최종적인 책임은 그 검사를 개발한 사람에게 있고 그 검사를 채택하여 실제로 사용하는 검사자에게는 거의 책임이 없다. "저는 실시요강에 쓰인 대로 정확히 실시, 채점하여 검사결과를 알려 드렸을 뿐입니다." "더 자세한 내용은 검사실시 요강을 한 번 읽어 보세요!" 또는 "검사 제작자에게 전화나 인터넷으로 직접 물어 보세요." 등과 같이 말하는 검사자가 많다. 이론적으로는 앞뒤가 맞는 말이다. 언뜻 보면 통계적 추론에 지나치게 의존하는 검사자는 검사 제작자의 수고를 대신하여 처리해 주는 대행자로 전락하게 되고 관련 조항과 규정만 달달 외워서 앵무새처럼 말하는 질이 낮은 민원창구의 서비스맨과 조금도 다를 바가 없다.

그에 비해 임상적 판단을 신봉하는 검사자는 원점수, 규준, 표준점수 등과 같은 수치들은 참고자료에 불과하다고 생각하며, 수검자의 반응한 결과만 갖고 맞다-틀리다, 옳다-그르다 또는 부정적-긍정적 등의 답을 하게 된 이유와 답이 도출된 과정을 살펴서 그의 심리적 상태(지적, 정서적, 심리적, 성격적)가 어떻게 변화 · 발전되어 왔는지를 종합적으로 판단 · 기술하되, 자신의 임상적 식견과 경험을 기준으로 판단한다. 그러므로 해석,

진단, 판단에 대한 책임은 전적으로 검사자의 몫이다. 즉, 정상적인 사람을 약간 이상하다고 진단하거나 이상한 사람을 정상적이라고 오판하여 사회적으로 물의를 일으켰을 경우 오판에 대한 책임은 검사자가 지게 된다는 것을 의미한다.

임상적 판단은 검사자에게 상당한 자유와 권한이 부여되고 있어 검사자의 주관과 편견이 작용할 여지가 있지만, 부정적인 판단에 대한 수검자와 그 보호자의 저항이 두려워서 가급적이면 '좋게' 판단하려는 무의식적 동기도 잠재될 때가 있다. '…이다'라고 단언적으로 진술하지 않고 '…라고 판단된다' '…의심된다' '생각한다'라고 겸손한 표현으로 소견서에 기술하는 것이 그 예다.

원래 K-SDT는 심리측정이론에 입각하여 만들어진 검사다. 규준을 작성하고 수검자가 받은 점수를 갖고 시종일관 수량적이고 상대적인 해석에만 열중하고 있다. 그러나 이 측정도구는 총 문항 수가 11개의 5~6점 평정척도 문항이고 하위척도별로는 3개 문항, 측정항목별로는 1개 평정척도 문항으로 구성되어 있어 문항 모집단에 비해 검사를 구성하고 있는 문항 수가 너무 적어 심리측정이론에만 근거를 두고 통계적 추론으로 해석하기는 어렵다. 그래서인지 Silver도 SDT에서 인지능력을 사정하는 척도들은 Goodenough(1926)의 DAM처럼 측정론적 관점에서 제작된 심리검사임에도 불구하고 정서적 특성의 재는 척도들은 규준이 아예 없고, Machover(1946)의 DAP와 같이 철두철미하게 정신분석이론과 투사 및 동일시의 원리, 그리고 임상적 판단에 의거하여 검사결과를 해석하고 있다. 이는 측정도구의 성격상 그림을 이용하여 지적 능력을 재는 검사들은 통계적 추론에 의존하고 성격진단을 하는 도구로 사용되는 그림검사는 DAP처럼 임상적 판단을 사용하는 경향임을 짐작할 수 있다.

보통 유치원이나 학교에서는 아동의 지능이나 성격 등이 어느 정도 발달했는지를 알아보기 위해 지능검사 또는 성격검사를 실시하지만 병원을 비롯하여 소년원, 고아원에서는 학습장애가 있는지 혹은 이상성격 여부를 확인하여 적절한 조치를 취할 목적으로 심리검사를 실시한다. 물론 학교처럼 지적 발달에 장애가 없어 이상행동의 증후가 없다는 것을 확인할 목적으로 검사하는 사례가 있기는 한지만 대부분의 경우 질환이나 장애를 확인하기 위해서 검사를 실시하는 것이 보통이므로 임상장면에서는 질환, 강제수용 등과 같은 부정적인 행동과 관련하여 검사가 실시된다. 반면에 학교에서는 정상적인 또는 긍정적인 목적으로 검사한다.

그 경우 "이 척도에서 100명 가운데 2~3명이 받을 정도의 높은 점수인 17점 이상을 받은 자는 확률적으로 공격성이 아주 높은 자입니다."라고 말해도 괜찮을까? MMPI에서 17점을 받으면 미국에서는 정신과에 입원할 것을 권유할 만큼 심한 우울증 환자로 의심되지만, 만약 그 사람이 우리나라에서 그 검사를 받고 동일한 점수를 받았다면 우울증이 거의 없고 건강한 사람으로 진단받았을 것이다. 극단적인 경우, 확률론적 추론에만 의존한다면 정신병 환자 수용소에서는 건강한 사람으로 취급받지만 정상적인 사람들이 모인 곳에서는 신경증 환자로 보호를 받아야 할 사람이 될 수도 있다는 아이러니컬한 해석을 내려야 한다.

만약 정상분포 곡선의 성질과 확률론에만 근거를 두고 규준을 보고 '정신지체' '성격이상' 또는 '성격이상'이라고 미루어 짐작한다면 수검자나 그 보호자의 거친 항의에 부닥칠 위험이 크고 무책임한 면이 없지 않다. 그 경우 이 측정도구로 16개 문항에 체크된 청소년들 혹은 구체적으로 어떤 문항에서 4점 이상을 받은 청소년들은, 오랜 경험과 전문적인 식견을 토대로 판단을 내릴 때, 공격적이며 파괴적인 반사회적 행동 경향성이 짙고 공공기물 파손행위를 범한 가능성이 걱정되는 성격을 소지한 것으로 판단된다는 기록을 남길 수 있다면 그것이 오히려 타당한 해석이다(Barlow & Hersen, 1984; Franklin, Allison, & Gorman, 1996).

통계적 추론은 형식적 · 피상적 · 기계적이고 수량적 기술(numerical description)에 치우치고 객관적이라는 장점은 있지만, 반면에 단편적이며 정적이며 지나치게 확률론적 · 상대론적이며 책임회피적이라는 비판이 쏟아지고 있다. 검사결과에 대한 판단이 검사자의 경험에 지나치게 의존된 나머지 주관적이며 독선적이라는 비난을 받고 있지만, 종합적 · 심층적 · 언어적 기술(vergal description)을 강조하고 역동적이고 실제적인 결과해석에 대한 책임을 검사자 자신이 져야 한다는 유책성의 강조라는 장점도 있다. 통계적 추론은 수학적 모델의 확률을, 임상적 판단은 검사자 자신의 경험을 판단기준으로 삼고 있으며, 판단은 판단준거가 결정적인 역할을 하고 경험을 판단의 기준으로 하는 경우 경험의 축적과 체계적인 정리가 판단을 좌우한다.

그래서 검사의 실시, 채점, 해석방법과 각종 기술을 익힐 목적으로 임상적 판단을 사용하는 임상심리 전문가나 카운슬러들은 테스트 컨퍼런스나 워크숍에 열심히 참석하고 자진해서 장기간 슈퍼비전을 받고 있다. 1970년대 이후부터 심리측정이론에 입각하여 만들어진 검사들을 취급하는 검사자도 슈퍼비전과 테스트 컨퍼런스, 워크숍을 열어 기량을 닦고 정보를 교환하고 있다. 한국처럼 실시요강만 한두 번 읽어 보면 누구나 심리검사를 실시, 채점, 해석할 수 있다고 생각하는 사람들이 많은 나라는 없을 것이다.

제대로 알지 못하고 검사를 실시, 채점, 해석하여 정상적인 사람을 이상한 사람으로 진단한 경우는 몇 건이고, 조금만 일찍 발견하여 적절한 조치를 취했다면 충분히 교정 또는 치료될 수 있는 것을 아무런 이상이 없는 것으로 진단하여 치료 기회를 놓치게 된 것은 몇 건인가를 검사할 때마다 스스로 되묻는 신중한 태도를 가져야 한다.

4. 인지적 능력을 재는 사정척도의 득점에 대한 해석

K-SDT에서 인지능력을 재는 사정척도는 PDS(예측하여 그리기 하위척도), DOS(관찰하여 그리기 하위척도), DIS(상상하여 그리기 하위척도)의 득점과 TOA(이들 세 하위척도의 득점을 합한 총점)를 제시한다. PDS는 예측력, DOS는 관찰력, DIS는 창의력이란 차원에서 각각 지적 능력을 측정한다.

예측력은 인간은 점, 선, 넓이, 부피의 개념이 점진적으로 형성되어 선의 개념이 획득될 즈음 순서, 수직, 수평을 개념을 이용하여 주위의 사물을 지각하기 시작한다는 지각발달이론에 근거를 두고 그것들이 각각 PDS에서 어느 정도 사용되었는지를 확인한 것이다. 관찰력은 좌우, 상하, 전후, 밑넓이와 높이가 다른 3개의 원기둥과 돌을 보여 주고 보이는 대로 한 장의 그림으로 나타내도록 요구했을 때 공간지각발달론에 입각하여 그것들의 공간적 관계를 그림 속에 어느 정도 표현했는지를 확인하여 수량화시킨 것이다. Silver(1983)는 초기 아동들은 접근의 원리에 입각하여 수평선을 기준으로 사물들 간의 공간관계를 가깝다-멀다로 지각하지만, 차차 수직선을 잣대로 하여 높이를 지각하고 그다음에는 전후(원근)를 지각한다는 이론을 바탕으로 하였다.

DIS에서는 여러 개의 그림카드를 제시하고 그 가운데 마음에 드는 세 장의 카드를 골라 하나의 이야기를 만들어 그것을 한 장의 그림으로 그리도록 요구했을 때 많은 그림에서 세 장의 그림을 고르는 선택능력, 그 카드로 하나의 이야기를 지어내는 조합능력, 그것을 한 장의 그림으로 표현해 내는 표상능력을 측정한다. 그러므로 그것들은 모두 인지적 능력, 창의력이라는 주장이다.

검사결과를 기술 · 해석할 때에는 크게 정상분포곡선의 원리에 입각하여 검사결과를 편차치, 백분위 등과 같은 수량으로 나타내어 수학적 의미를 수검자나 그 보호자에게 알려 주는 방법, 병원이나 상담센터, 소년원, 감정원 등과 같은 기관에서 쌓은 임상경험을 근거로 하여 검사결과를 해석하는 두 가지 방식이 있다. 전자는 통계적 추론, 후자는 임상적 판단이라 한다.

일반적으로 성능검사의 결과는 통계적 추론, 성향검사는 임상적 판단에 기초를 둔 해석을 하고 병원 같은 곳에서는 임상적 판단을, 학교와 같은 기관에서는 통계적 추론을 애용하는 경향이 있지만 검사자의 이론적 배경, 오리엔테이션 훈련 및 슈퍼비전에 따라 해석방략이 판이하게 달라질 수 있다. 그러므로 K-SDT의 인지능력을 통계적 추론과 임상적 판단으로 살펴보기로 한다.

1) 통계적 추론

통계적 추론에 바탕을 두고 수검자 또는 그 보호자에게 검사결과를 해석 · 통보할 경우, 원점수에 버금가는 표준검사를 규준표에서 찾아 그것들을 보고받는 이가 알아듣기 쉽게 풀어서 간단히 설명하면 된다. 예를 들면, 원점수를 T-점수와 백분위(%ile)로 전환시켜 놓았다면 하위척도별로 수검자가 받은 원점수에 해당하는 T-점수와 백분위를 알려 준다. 그러나 이 세상에는 100% 완전한 검사란 존재하지 않기 때문에 모든 검사는 어느 정도의 오차를 범한다.

수검자들이 취득한 분포가 정상분포를 이룬다는 통계적 가정이 성립되면 T-점수는 20~80점 범위에 산포되어 있어야 한다. 그러나 〈부록 15〉의 규준을 보면 그와 같은 규준이 충족된 사례들이 거의 없고, 대체로 T-점수는 30~70점에 분포되어 있다는 것을 알 수 있다.

이는 통계학적 이론으로 볼 때 K-SDT의 점수분포에 문제가 있다는 것을 의미한다. 추측컨대, 그것은 문항 수가 아주 적어서 나타난 현상이다. 어쨌든 K-SDT를 구성하고 있는 하위척도들의 득점을 통계적으로 해석할 때 각별한 주의가 필요하다. 가급적이면 백분위점을 활용할 것을 권장한다.

점수를 알려 줄 때는 측정의 표준오차나 추정의 표준오차 등을 감안하여 해석하는 태도와 기술이 필요하다. 심리검사의 메뉴얼에 신뢰도와 타당도에 관한 정보를 제공하는 것도 그 때문이다.

한편, 대부분의 수검자들은 인지능력을 측정한 값이라고 하면 곧장 지능지수를 생각하는 경향이 있다. 심지어 협의로 측정한 인지능력으로 지능지수를 예측해 보려는 검사자들도 있다. 반드시 프로파일을 작성하여 전체적인 시각에서 검사결과를 해석하려는 시도가 필요하다. 비록 통계적 추론에만 의존하는 검사결과 통보방식이라고 할지라도 통계적 추론방략에는 임상적 추론방략에서 도저히 흉내낼 수 없는 여러 가지 장점들이 많다는 것을 알아야 한다.

여기에서는 ① T-점수와 백분위의 통보, ② 측정항목별 검사득점에 대한 해석, ③ 측정오차를 고려하는 검사득점의 해석, ④ 회귀방정식을 이용하는 검사득점의 예측으로 나누어서 설명하기로 한다.

(1) T-점수와 백분위의 통보

인지능력을 측정한 PDS, DOS, DIS의 득점과 TOA(그들 세 하위척도의 득점을 합한 총점)에 관한 T-점수와 백분위(%ile)를 수검자 또는 보호자에게 통보하는 것은 가장 기초적이고 널리 사용되고 있는 통계적 추론에 입각한 검사결과 해석방략이다. 이때 검사자는 보통 다음과 같이 수검자나 그 보호자에게 검사결과를 수량적으로 해석하여 준다. 그 내용이 왜곡되지 않는 범위 내에서 기억 및 이해하기 쉽게 정보의 양은 가급적 최소한으로 줄이는 것이 옳다. 그러므로 검사결과를 통보할 때도 검사자는 다음에 예시되어 있는 내용들을 줄여서 알려 주는 것이 바람직하다.

사실 이것은 아동의 보호자가 검사결과를 알려 줄 것을 요구할 때 사용하는 대단히 형식적인 설명방식이며 아동에게는 이 방법으로 검사결과를 알려 주어도 거의 이해하지 못한다. 그 이유는 수학적 이론에서 도출된 지나치게 복잡한 수치를 이용하여 알려 주고 있기 때문이다.

다음 예시에서 유진이는 8세 여아라고 가정하고 그녀가 취득한 원점수는 예측하여 그리기=15, 관찰하여 그리기=13, 상상하여 그리기=9, 투사척도 점수=4, 자아상척도 점수=4점이라고 가정한다.

T-점수는 원점수가 정상분포를 이루고 있다면 이론상 최하점은 20, 평균은 50, 최고점은 80이 되도록 만들어진 척도입니다. 무슨 뜻인지를 알겠어요?

> 유진이가 이번에 예측하여 그리기, 관찰하여 그리기에서 받은 점수들은 T-점수로 각각 67, 63, 49점이었습니다.
> 다시 말하면, 유진이의 예측력은 67점, 관찰력은 63점, 창의력은 49점이 된다는 것입니다. 이들 세 점수들을 모두 합쳐 보았을 때 유진이의 인지능력은 T-점수로 59점이 됩니다.
> 한편, 유진이가 상상하여 그리는 그림에서 받은 투사척도의 T-점수는 60, 자아상척도에서 받은 T-점수는 57이며, 이들 두 척도에서 받은 점수들을 합하면 유진이의 정서적 상태는 T-점수로 59점이 됩니다.

T-점수는 아주 객관적이고 정확한 모델의 표준점수이지만 수학적인 기초 없이는 이해하기 쉽지 않다. 이때는 T-점수보다 일상생활에서 흔히 사용하는 개념인 백분위로 알려 주는 것이 편리하다. 예를 들어, 백분위가 83이면 옥희보다 잘한 아동은 17명이고 옥희보다 못한 아동은 83명임을 의미한다. 만약 100명의 집단이 있다면 100-83+1=18로 수검자가 받은 점수는 전국에서 골고루 뽑은 100명의 학생 중 18등에 해당되는 점수라는 것을 설명하여 주는 것이 이해하기 훨씬 쉽고 편하다.

> 영희가 이번 검사에서 받은 점수를 백분위로 알려 드리겠습니다.
> 백분위란 영희와 나이가 비슷한 우리나라 어린이를 전국에서 골고루 100명을 뽑았을 때 영희가 받은 검사점수가 끝에서 몇 번째인가를 가리키는 수치입니다.
> 자, 그럼 점수를 말하겠습니다.
> 이 검사에서 받은 점수로 보면 영희의 예측력은 백분위로 100, 관찰력은 85, 상상력은 53입니다. 그리고 지적 능력의 발달수준은 백분위로 91이라고 나왔습니다.

영희가 받은 점수를 흔히 쓰는 등수로 나타내면 영희의 예측력은 100명 중 1등, 관찰력은 16등, 창의력은 48등입니다. 그리고 인지적 능력의 발달 수준은 10등이라고 할 수 있습니다.

(2) 측정항목별 검사득점에 대한 해석

PDS에는 순서, 수평, 수직 개념의 획득과 활용 정도를 재는 6점 평정척도 문항이 각각 하나씩 들어 있고, DOS는 좌우, 상하, 전후관계 개념을 사용하고 있는 정도를 확인하는 하나의 문항으로 구성되어 있으며, DIS에는 선택능력, 조합능력, 표상능력을 측정하는 6점 평정척도 문항이 하나씩 들어 있다. 이 문항들을 측정항목이라 하며 인지적 능력을 재는 세 하위척도(PDS, DOS, DIS)는 각각 3개의 측정항목으로 구성되어 있다.

이들 측정항목의 점수들은 상대적으로 비교할 수 있도록 표준점수로 전환하지 않았다. 물론 Silver(1983, 1992)도 이 점수들을 T-점수나 백분위로 바꾸지 않았다. 1개의 6점 평정척도 문항으로 평가하기 때문에 문항 수가 적고 득점의 폭이 지나치게 좁다고 표준점수화하지 않았는가? 그렇다면 1개의 5점 평정척도 문항으로 만들어진 PS, SS의 원점수를 표준점수로 전환한 이유는 무엇인가? PDS, DOS, DIS, PS, SS는 다 같이 하위척도라는 이름이 붙었지만 측정항목에는 이 검사의 구조상 하위척도라는 명칭이 부과될 수가 없어 구조적인 통일을 기하기 위해서 측정항목의 원점수는 표준화하지 않았다고 하는 것은 설득력이 부족하다.

K-SDT의 측정항목에서 수검자들이 받은 원점수도 표준화하지 않았다. 그러나 이 점수들은 인지적 능력의 발달과 장애를 분석적으로 진단하는 데 아주 귀중한 정보를 제공하고 특히 임상적 판단을 하기 위해서는 절실

히 필요한 데이터이므로 〈부록 14〉에 제시되어 있는 측정항목별 평균과 표준편차를 이용하여 T-점수 및 백분위로 환산하여 진단, 해석에 사용할 것을 권장한다. 〈부록 9〉에는 측정항목별 득점을 프로파일링하는 용지가 제공되어 있다. 그것을 이용하면 측정항목별 득점에 대한 해석이 훨씬 더 용이할 것이다.

(3) 측정오차를 고려하는 검사득점의 해석

모든 검사는 측정오차를 범한다. 검사의 득점분포의 표준편차와 신뢰도를 알면 그 검사의 표준오차($SEm = S_x\sqrt{1-r_{xy}}$)를 구할 수 있고 검사의 표준오차를 안다면 정상분포곡선의 수리적 특성에 비추어 수검자가 받은 점수의 신뢰한계를 구할 수 있다.

가령 영희가 K-SDT에서 받은 점수들을 가지고 점수가 놓여 있을 구간 또는 범위를 95%의 확률로 추정하면 된다. 그가 받은 검사득점(X_0)에 ±1.96 SEm 하면 될 것이다. 이를 흔히 측정점수에 대한 구간추정(interval estimation)이라고 한다.

진호는 9세 남자 아이이고 그가 받은 PDS, DOS, DIS, TOA 점수는 원점수로 12, 9, 11, 32점이고, 표준편차는 3.2, 2.1, 4.3, 4.1이고(〈부록 14〉 참조), 검사-재검사 신뢰도계수는 .78, .82, .80, .88이라고 하면 측정의 오차를 구하여 다음과 같이 신뢰구간을 추정한다. 단, 이것은 원점수의 신뢰한계를 추정한 것이므로 규준에서 다시 T-점수와 백분위를 찾아 신뢰구간을 알려 주어야 한다(SEm를 구할 때에 신뢰도 계수는 〈표 4-1〉, 표준편차는 〈부록 14〉를 참조).

- PDS 점수: $67-1.96\,SEm < X_t < 67+1.96\,SEm$ ……… (65.18~68.82)
- DOS 점수: $63-1.96\,SEm < X_t < 63+1.96\,SEm$ ……… (61.28~64.72)
- DIS 점수: $49-1.96\,SEm < X_t < 49+1.96\,SEm$ ……… (47.21~50.79)
- TOA(총점): $63-1.96\,SEm < X_t < 63+1.96\,SEm$ ……… (59.83~66.17)

(4) 회귀방정식을 이용하는 검사득점의 예측

K-SDT의 점수를 가지고 수검자가 한 번도 받지 않은 검사에서 받을 수 있는 점수를 알고 싶을 때가 있다. 가령 PDS 점수만 알고 그것으로 그가 DAM 테스트를 받았을 때에 획득할 수 있는 지능지수를 알려고 하는 경우 공인타당도나 예언타당도에 관한 데이터가 있다면, 타당도를 구할 때의 외적 준거로 사용했던 검사에서 받을 수 있는 점수를 추정하는 것은 이론적으로 얼마든지 가능하다.

첫째는 가장 소박한 추정방식이다. 예컨대, '예측능력에서 T=62점을 받은 12세 아동의 지능지수는 어느 정도인가?' 등과 같은 질문을 하는 수검자들에게 답을 주기 위한 방법이다. 물론 이 검사결과를 갖고 지능지수와 동의어로 해석하지 않도록 수차례 주의를 환기한 바 있다. 그렇지만 그와 같은 의문이나 요구를 계속 제기하는 수검자의 욕구를 충족시켜 주기 위해서는 불가피하게 임기응변적인 조치를 취해야 할 때가 있다.

수검자가 취득한 원점수의 Z값을 구한 다음 T=10Z+50을 이용하여 원점수를 표준점수로 전환시킨 것이 T-점수이고, 지능을 측정하는 측정도구에서 수검자가 받은 원점수를 Z로 환산한 후에 IQ=16Z+100으로 전환시킨 것이 지능지수다. 그러므로 이 검사에서 받은 T-점수를 Z값으로 치환한 후에 16 또는 20을 곱하고 100을 더하면 IQ를 추정할 수 있다. 이때의 표준편차(S_x)의 크기에 따라 약 16~24 중 적당한 수치를 고르는 것은 ±3Z가 ±50이 되도록 하기 위한 의도적인 조치다. 예를 들어, 영희가 받은 TOA가 T-점수로 총점은 64점이라고 하면, 이 값에 버금가는 지능지수(IQ)를 다음과 같이 추정할 수 있고 영희의 IQ는 125.2쯤 된다.

- Z=(T-50)/10: Z=(64-50)/10=1.4
- IQ=18Z+100

  (Z에 1.4를 대입하고 18을 곱하면, IQ=18×1.4+100=125.2)

둘째는 추정의 오차를 이용하여 추정하는 방법이다. PDS, DOS, DIS, TOA에서 취득한 점수를 지능지수와 같은 개념으로 사용할 위험을 경고한 바가 있지만 스크리닝 테스트로서 그 점수를 갖고 수검자의 지능지수를 추정해야 하는 상황에서는 지능지수를 추정할 수 있는 방략이 된다. 즉, DAM이나 WISC-R 등과 같은 지능검사를 외적 준거로 하는 공인타당도나 학교성적 또는 종합학력검사 등을 외적 준거로 하는 K-SDT의 예언타당도가 있으면 다음과 같은 회귀방정식을 이용하여 지능지수나 성취도를 예측할 수 있다.

$$Y_i = (r_{xy}\frac{S_y}{S_x})X_i - (Y - b\overline{X}) \qquad \text{단, } b = r_{xy}\frac{S_y}{S_x}$$

이때 X_i는 K-SDT에서 받은 점수이고 r_{xy}=타당도 계수, $S_x = X$의 표준편차, $Y_x = Y$의 표준편차 그리고 Y_i은 예언하고자 하는 지능지수 혹은 성취도에 해당한다. 만약 95% 수준에서 신뢰 한계를 추정하여 DOI에서 14점을 받은 인화의 DAM IQ를 예측하려고 하면 $14 \pm 1.96 \times 3.24\sqrt{1-.82^2}$하면 되고 그 값은 12.93~17.49가 된다. 이번에도 X_i로 Y_i를 추정하려고 함으로써 추정의 오차를 범하게 된다. 그것을 염두에 두고 추정의 오차가 필요하다. 추정의 오차는 타당도 계수와 추정하고자 하는 Y의 $S_e = S_y\sqrt{1 - r_{xy}^2}$를 이용하여 구할 수 있다.

예를 들어 선호(10세 남자)의 TOA의 원점수는 27점이고 WISC-R을 외적 준거로 하는 K-SDT의 타당도 계수는 .83, WISC-R의 표준편차는 15라고 하면 S_e는 $15 \times \sqrt{1 - .83^2} = 4.65$가 된다. 그러므로 40.56±1.96×4.65한 값을 규준표에서 찾으면 된다. 그 경우 T-점수는 31.45～49.67이 되고 백분위는 7～47에 해당한다.

2) 임상적 판단

WISC-R처럼 수검자가 받은 득점을 하위척도별로 다소 느슨하게 통계적으로 추론하여 알려 준 후 임상적 판단에 입각한 해석을 하는 것이 이 분야의 통상적인 관례다. 임상적 판단을 하려면, 첫째, 판단의 기준이 되는 임상적 경험과 슈퍼비전이 있어야 하고, 둘째, PDS(순서, 수평, 수직), DOS(좌우, 상하, 전후), DIS(선택, 조합, 표상)에서 채점된 내용이 구체적으로 어떤 지각적 요소이고, 그것이 어떻게 지적 능력이라고 할 수 있으며, 전체 지각능력 중에 어느 정도의 비율을 차지하고 있고, 일상생활에서 넓은 의미로 우리들의 지적 능력과 어떤 관계를 갖고 있는가를 설명할 수 있어야 한다. 셋째, K-SDT에서 측정하는 순서, 수평, 수직, 좌우, 상하, 전후, 선택, 조합, 표상 등과 같은 인지능력들이 인지발달론적 관점에서 보면 어떤 발달단계에 속하고 그와 같은 인지능력의 획득과 발달은 언어력 및 수리력의 발달과 밀접한 관계가 있는 것이 확실하므로 언어개념, 수리개념, 공간개념, 관계개념들을 기준으로 볼 때 수검자의 지각적 능력의 발달은 그와 같은 개념들의 발달과 조화를 이루고 있는가를 따져 심층적, 종합적으로 기술해야 한다.

병원이나 소년원 등과 같은 임상현장에 근무하는 임상심리 전문가는 검사결과를 해석할 때 누구나 임상적 판단을 하는 것은 아니다. 임상적 판단을 하자면 판단의 준거가 된 현장의 경험을 증거로 제시하여 상대방(수검자나 그의 보호자)을 논리적으로 아니면 관록으로 제압할 수 있는 기술과 힘을 가져야 한다. 일반적으로 통계적 추론을 빌려 검사결과를 보고할 때는 총 문항 중에서 바르게 답한 문항이 몇 개인가를 따져 수학적 모델을 빌려 수검자가 받은 점수를 해석한다. 반면에 임상적 판단을 애용하는 심리학자들은 맞은 답보다 틀린 답에서 문제를 푼 과정과 절차, 틀린 이유 등을 밝혀 그의 지각 및 문제해결능력을 이해하려고 한다. 다시 말해, 문제해결의 결과보다 과정을 집중적으로 분석하여 진단과 치료의 방안을 제시하려고 한다. 그러므로 검사자는 채점할 때 기계적으로 정답 여부를 확인할 것이 아니라 전체적인 맥락에 비추어 채점하려고 노력하여야 하며 검사결과 해석에 도움이 되는 자료라면 무엇이든지 참고한다.

전체 맥락을 살린 해석은 PDS, DOS, DIS, TOA를 알려 줄 때도 적용된다. 단순히 하위척도별 득점을 기계적으로 통보만 할 것이 아니라 TOA의 득점과 비례하여 본 세 하위척도들의 득점 그리고 3개 하위척도 득점 간의 상호관계도 고려하면서 검사결과를 해석해야 한다. 대체로 PDS, DOS, DIS에서 측정된 지각능력이 대략 순차적으로 점진적인 발달을 하는데도 불구하고 득점에 요철이 심하거나 어느 하위척도에서 측정하는 지각능력이 계속 정체되어 있는 듯한 느낌을 줄 때는 즉시 보다 정확한 검사를 받게 하는 조치가 필요하다. 또한 비록 표준점수로 전환하지는 않았지만 DPS(순서, 수평, 수직), DOS(좌우, 상하, 전후), DIS(선택, 조합, 표상) 측정요소에서 받은 득점들의 발달론적 의미와 그것이 PDS, DOS, DIS의 발달에 주는 의미도 함께 음미해야 한다.

임상적 판단을 중심으로 K-SDT로 측정한 인지적 능력을 사정할 때의 일반적인 방략은 ① 심층적, 종합적인 해석절차와 ② 프로파일의 작성과 해석방법으로 나누어 설명하기로 한다. 지적 능력의 측정결과를 임상적 판단을 기준으로 하여 해석한 것을 실례로 들어 설명하지 않고 일반적인 절차만을 제시하는 것으로 대신하기로 한다. 그것은 지적 능력을 재는 측정도구는 대부분 심리측정이론에 바탕을 두고 개발되었고 그로 인해 임상적 판단에 입각하여 검사결과를 해석하는 경우가 많지 않기 때문이다. 프로파일은 임상적 판단에서만 사용하는 전략이 아니고 통계적 추론을 할 때도 쓰는 전략이다. 프로파일은 개인 간 차도 다루지만 개인 간 차를 역동적으로 다루려고 애쓴다는 점을 감안하여 편의상 임상적 판단에 삽입시켰을 뿐이다.

(1) 심층적, 종합적인 해석절차

검사자가 임상장면에서 터득한 경험을 검사결과를 해석 또는 판단하는 기준으로 삼는다는 것이 검사결과에 대한 임상적 판단 접근의 핵심적인 특징이다. 그렇다고 해서 임상현장에서 임상심리 전문가나 카운슬러가 내린 해석이나 판단들이 모두 임상적 판단은 아니다. 전문가로서의 자격이 인정되는 교육, 훈련, 슈퍼비전 그리고 경험을 토대로 한 해석이요 판단이라야 한다. 여기서 의미하는 전문적인 경험이란 무엇인가?

통계적 추론에 비해 임상적 판단은 검사결과를 보는 관점이 전체적, 역동적, 심층적, 종합적, 처방적, 질적, 언어적 기술(記述)을 강조하고 있다.

그러므로 그와 같은 사항들을 고려하여 검사결과를 해석하는 방략의 세부 절차를 소개한다. 임상적 판단이라고 하는 틀에 박힌 하나의 절차가 있는 것이 아니고 검사자마다 그리고 케이스별로 임상적 판단의 절차가 판이하므로 이 가운데 사용되지 않는 절차도 있을 것이고 새로 첨가될 절차도 있을 것이다.

① 채점 작업

매뉴얼에 쓰인 대로 채점을 한다. 좁은 뜻으로 말하면, 채점이란 정답을 찾아 점수를 부여하고 합산하는 과정이다. 그러므로 이 일은 통계적 추론에서 쓰는 기초 작업이라고 할 수 있고 아울러 임상적 판단을 위해 데이터를 수집하는 과정이다.

만약 관찰한 결과를 일일이 수량화하는 과정을 거치지 않고 참여적 관찰로 데이터를 수집하고 그것을 정리하여 어떤 판단을 내려야 하는 경우에는 이 단계의 작업은 생략된다. 이는 관찰한 것을 수량화하는 과정은 없어지고 바로 문어적 기술에 돌입한다는 것을 의미한다.

② 특성 대비

수검자가 취득한 점수를 일단 하위척도별로 음미한다. 그런 다음 서로 내용이 비슷한 하위척도에서는 유사한 점수를 받았는지, 반대로 성질이 상치되는 내용을 재는 하위척도에서는 상반되는 수준의 점수를 받았는지를 확인한다.

만약 유사한 내용을 재는 하위척도에서 받은 점수 간에 현저한 차이가 있다든가 또는 서로 반대되는 성질의 하위척도에서 동일한 수준의 점수를 받았다면 그것은 검사의 실시 또는 채점에 결함이 있었거나 발달장애를 의심하게 하는 점수로 해석한다.

③ 비율 점검

총점에 대한 하위척도 득점의 비율이 균형을 이루는지를 점검한다. 예를 들면, TOA는 T=68이지만 PDS=65, DOS=65, DIS=74가 되어 총점(TOA)과 하위척도 득점 간의 불균형이 심하면 반드시 점검해야 한다.

총점과 특정 하위척도 득점 간에 현저한 차이가 발견되면 일단 발달지체나 이상발달 증후를 의심하고 세심한 주의를 기울여야 한다. 하위척도 득점과 총점 간의 심한 격차는 그 자체가 주요한 임상적 의미를 내포하고 있는 증상으로 간주하기 때문이다.

④ 구조 확인

지적 능력이라고 하는 전체 구조 속에서 하위척도의 득점을 파악하는 노력이 필요하다. PDS, DOS, DIS의 상호관계 그리고 TOA와의 관계를 구조적으로 서로 관련시켜 이해하려는 노력을 기울여야 한다. PDS, DOS, DIS 등의 세 가지 하위척도들은 생각나는 대로 적당히 골라잡은 것이 아니고 TOA를 중심으로 얽혀 있다.

또한 순서, 수평, 수직 측정요소에서 받은 점수와 DOS 득점과의 관계도 밝혀야 할 것이고, 좌우, 상하, 전후관계를 중심으로 하여 DOS 득점을 파악해야 할 것이며, 선택, 조합, 표상능력을 중심으로 그 점수들과 DIS 득점과의 관계를 이해하려는 시도가 수반되어야 한다.

⑤ 발달수준

수검자가 받은 점수를 그의 발달수준과 연관시켜야 한다. 가령 순서개념, 수평개념, 수직개념이 점진적으로 발달하는데, TOA 점수는 중간 수준이고 그가 그 점수를 받은 것은 DOS와 DIS 점수 때문이며 수직개념이 현저하게 낮다면 수검자는 기초적인 지각능력의 발달에 문제가 있고 특히 수평개념의 획득과 보존에 문제가 있다고 진단한다.

T-점수로 나타낸 연령별 기준 그 자체가 부분적으로 발달을 설명하고 있지만 K-SDT의 하위척도와 측정항목이 재고 있는 능력의 발달을 체계적으로 파악하기 위해서는 그에 대한 발달의 질적 측면을 이해할 수 있어야 한다. 그리고 정상적인 발달경향에 비추어 보았을 때 그 정도 또는 수준의 점수가 갖고 있는 발달적 의미를 해석해야 한다.

⑥ 문제 점검

법원, 소년원, 상담센터 등과 같은 기관에서 근무하는 임상심리 전문가나 카운슬러는 검사결과에 대해 문제행동을 저지르거나 이상증상이 있다고 의심되는 자를 대상으로 하여 심리검사를 실시하고 그 결과에 대해 임상적 판단을 내린다. 즉, 임상 전문가는 적응에 문제가 있는 사람에게 검사를 실시하고 문제를 진단하고 치료 또는 교정방안을 제시하는 것을 일차적인 의무로 삼는다.

그렇게 때문에 보통 임상심리 전문가나 카운슬러는 병적, 부정적인 이상증후의 유무를 확인한 후에 그 원인과 처방을 내리려고 한다. 물론 그 사람이 지니고 있는 장점도 확인하여 총체적인 해석을 하지만 일단 부정적인 측면의 발견에 집중한다. 처음부터 긍정적인 측면을 찾기도 하고 부정적인 면이 없으면 정상으로 판단하지만 이상증후를 의심하고 그것을 탐색하다가 이상증후가 전혀 발견되지 않아서 정상으로 판정하는 것은 문제를 가진 자의 진단과 치료를 위해 더 적절하고 안전한 접근이라고 생각한다. 그러므로 임상적 판단의 출발점이 부정적인 면의 발견에서부터 시작된다는 것을 명심해야 한다.

⑦ 원인 규명

통계적 추론은 수검자가 받은 점수를 100명 중에 몇 명이 그 점수를 받을 수 있는 점수라고 확률론적으로 설명하면 된다. 그것은 지극히 현상론적인 해석이다. 그러나 임상적 판단은 현상과 함께 그 원인 또는 배경을 제시해야 한다.

예를 들면, 어떤 아동이 DIS에서 받은 점수가 매우 낮고 특히 선택능력과 조합능력이 낮다면 그것은 아동이 가정에서 자유롭게 선택하고 결정할 수 있는 기회를 전혀 주지 않는 과보호 상태에서 성장했거나 적당한 낱말을 선택하고 그것을 조합하여 타인과 의사소통을 하는 언어능력의 발달이 미흡하기 때문에 일어났다고 판단하는 등과 같이 문제의 원인을 제시하는 것이 필요하다.

⑧ 처치 제시

임상의 궁극적 목적은 치료이고 문제해결이지 진단이나 원인 규명은 아니다. 진단은 처치를 위한 수단이며 방편이다. 그러므로 임상적 판단에서는 검사결과를 보고 원인을 규명하여 진단을 내리는 데 그치지 않고 치료나 문제해결을 위한 처방도 함께 제시해야 한다.

다시 말하면 진단과 함께 처방 그리고 예후(prognosis)의 제시도 임상적 판단에 부분적으로 포함되어야 한다는 것이다. 이는 임상적 판단에 근거를 두고 검사결과를 해석하는 방법이 얼마나 복잡하고 어려운지 가르쳐 주는 부분이라고 생각한다.

⑨ 자원 확대

임상적 판단을 즐겨 사용하는 임상심리 전문가나 카운슬러는 검사결과를 정확한 판단을 지원하여 주는 한낱 정보에 불과하다고 생각한다. 그들은 생육사를 비롯하여 검사를 받을 때 관찰된 행동에 이르기까지 가능한 모든 정보를 총동원하여 검사결과 해석에 참고한다.

그들은 PDS, DOS, DIS, TOA는 수검자의 지적 능력을 판단하는 일종의 증거이고 그 이외에도 갖가지 유용한 정보가 생활 주변에 산재하고 있다고 생각한다. 그 증거들을 빠짐없이 활용해야 할 도의적 의무가 있으며 그것도 또한 임상적 또는 전문적 판단의 한 요소로 취급하고 있다.

⑩ 질적 기술

수량적으로 기술된 정보를 문자를 사용하여 질적으로 기술하는 것이 최종 단계의 작업이다. 글로 바꾸어도 논리가 정연하고 심층적 · 포괄적이면서도 알기 쉽게 되어 있다면 그야말로 멋진 질적 기술이고 수량적인 설명에 익숙하지 않은 사람들도 이해할 수 있는 임상적 판단이다.

이 단계의 작업은 1단계 작업인 '채점 작업'이 종료되는 즉시 시행해도 좋다. 그 경우 2단계(특성 대비)~7단계(자원 확대) 작업은 모두 언어적으로 서술된 데이터로 작업을 처리해야 한다. 문자로 표현된 정보를 다루면 숫자로 처리한 정보에 비해 양이 복잡하고 혼잡할 우려가 있어 '질적 기술'을 맨 마지막 단계로 돌리는 경향이 있다.

(2) 프로파일의 작성과 해석방법

검사결과를 프로파일로 나타내는 세 가지 방법이 있다. 첫째, 수검자의 득점(%ile)을 하위척도별로 막대의 해당란에 표시한 후에 그 점들을 연결시켜 꺾음선 그래프로 나타내는 방법이다. 둘째, 역시 수검자의 점수를 하위척도별로 해당란에 찍은 다음 50점 이상은 50점부터 그 점수까지 위로, 50점 이하는 50점부터 그 점수까지 아래로 막대에 까맣게 칠하는 방법이다. 셋째, 측정의 표준오차(SE_m)를 구하여 신뢰한계를 추정해서 한계구간을 표시하는 방법이다(p. 192 '(3) 측정오차를 고려하는 검사득점의 해석' 참조).

PDS, DOS, CIS, TOA, PS, SS, TOE 득점의 해석에만 프로파일 분석을 할 것이 아니라 PDS(순서, 수직, 수평), DOS(좌우, 상하, 전후), DIS(선택능력, 조합능력, 표상능력)의 하위득점도 〈부록 9〉를 복사하여 프로파일 분석을 하는 것이 좋다. 왜냐하면 그것들은 분석적이고 진단적인 의미가 풍부한 정보를 제공하여 줄 수 있기 때문이다. 그리고 프로파일 분석은 정의적 능력을 사정하는 데에도 사용되고, 정의적 특성을 잴 때도 쓰며, 통계적 추론은 말할 것도 없고 임상적 판단을 하는 장면에서도 쓴다. 그것을 정서적 특성을 잰 점수를 통계적 추론에 근거를 두고 설명하는 자리에서 소개하는 것은 지면관계로 인한 부득이한 조치였다는 것을 잊지 않기 바란다.

초상에서 정면, 측면, 반면상, 윤곽을 위시한 소묘, 인물단평, 소개 등을 프로파일(profile)이라 하며 심리검사에서는 한 측정도구의 하위척도를 모두 X축에 나란히 적고 Y축에는 하위척도별로 수검자가 취득한 표준점수를 기록하는 눈금들이 만들어져 있는 것을 프로파일링용 시트(〈부록 9〉 참조)라고 한다. [그림 7-1]과 같은 프로파일링용 시트의 해당란에 검사결과를 기록하고 막대 또는 꺾은선 그래프로 나타내면 수검자가 K-SDT에서 받은 점수들을 하나의 전체적인 시스템 속에서 조망할 수 있고, 여러 인지적 능력과 정서적 특성에 있어서 개인 간 차이뿐만 아니라 개인 내 차이도 일목요연하게 볼 수 있다. 흔히 검사결과를 프로파일로 독취 또는 해독이라고 일컫는다. 우리도 K-SDT의 검사결과를 프로파일로 작성하고 해독하면 검사결과 해석에 도움이 될 것이다.

그림 프로파일은 어떤 하위척도에서 받은 점수의 백분위로, 75 이상은 '아주 높다', 25 이하는 '아주 낮다'로 해석하며 25~75는 '보통' 또는 '중간'으로 해석한다. 프로파일을 만들 때는 먼저 하위척도별로 백분위를 제자리에 적은 다음 50점 이상의 점수는 50에서 백분위가 찍힌 곳까지 위로 막대를, 50점 이상의 점수는 50에서 백분위가 찍힌 곳까지 아래로 막대를 표시하면 된다. 그렇게 하면 전체적인 맥락에서 K-SDT에서 받은 점수들을 시각적, 직관적으로 읽을 수 있고 특별히 높은 또는 점수에만 주의를 기울이는 나쁜 버릇을 사전에 차단할 수 있다.

[그림 7-1]은 SP=59, SS=57, TOE=56을 받은 최성희(여자 8세)에게 T-점수와 백분위를 각각 다음과 같이 알려 준다. 이때에 〈부록 9〉에 있는 프로파일 용지를 이용하여 검사결과를 통보하여 주는 것도 바람직하다.

이　름: 최성희　　　　남 ㉥여

학　년: 2　학급: 7　번호: 45

생년월일: ____년 ___월 ___일생 만__세 __개월

	예측 PDS	관찰 DOS	상상 DIS	합계 TOA	투사 PS	이미지 SS	합계 TOE
소 점	13	10	14	37	4	3	7
T-점수	61	46	64	61	60	48	52
백분위	86	29	92	89	92	63	76

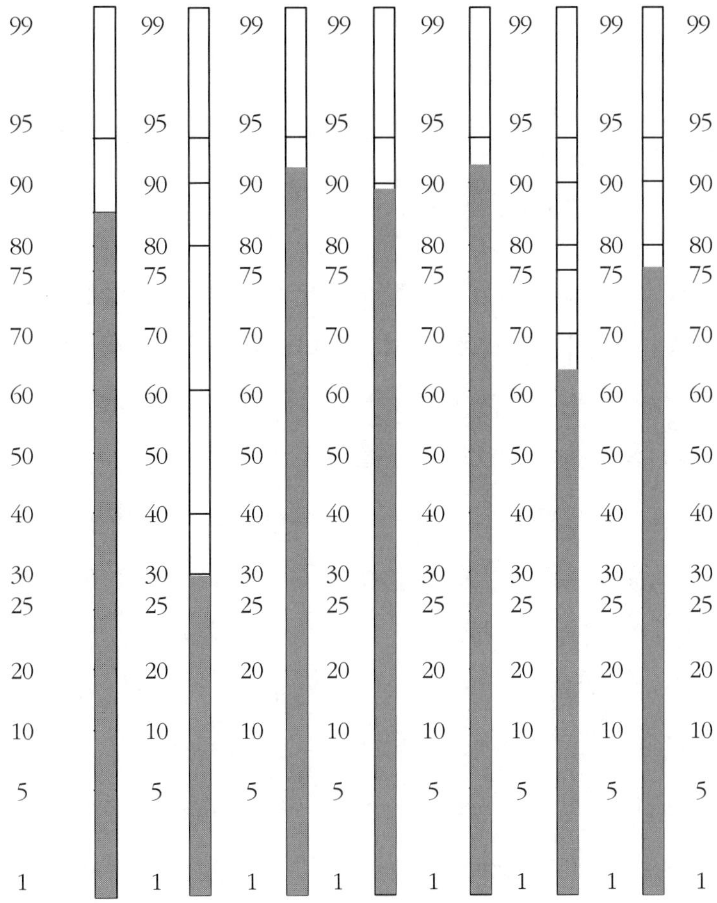

[그림 7-1] K-SDT 자극그림을 통한 사정기법: 검사결과 프로파일

다만 K-SDT에서 정서적 특성을 재는 문항 수가 극히 적고(오직 1개의 5점 평정척도) 원점수의 분포도 정규분포가 아닐 뿐만 아니라 신뢰도와 타당도가 아주 낮기 때문에 확률론적 접근의 검사결과에 대한 해석을 할 때 특별한 주의가 필요하다. 정서적 특성은 아직 발달이 한참 진행 중에 있고 환경이나 교육의 작용으로 언제든지 계속 변화할 수 있는 심리적 특성임을 알고 해석해야 한다.

5. 정서적 특성을 재는 사정척도의 득점에 대한 해석

Silver(1983, 1992)의 SDT처럼 K-SDT도 정서적 특성을 재는 사정척도의 득점에 대한 해석은 각각 한 가지 평정척도 문항만이 들어 있는 PS(투사척도)와 SS(자아상척도)로 구성되어 있다. K-SDT는 이들 두 하위척도의 득점을 합한 총점(TOE)을, 정서적 특성을 재는 일반적 지표로 삼고 있다. 한 가지 특기할 만한 사실은 SDT는 정서적 특성을 측정한 사정척도의 점수들을 일절 표준점수로 전환하지 않았고 신뢰도와 타당도도 추정하지 않았다는 점이다. 그것은 하위척도마다 1개의 5점 평정척도 문항만이 있어 원점수의 분포가 미약했기 때문이었을까? 인지적 능력을 재는 하위척도에 있는 문항들도 불과 3개(6점 평정척도)뿐이므로 문항 수 또는 득점분포의 폭이 결코 넓다고 할 수 없으므로 정서적 특성을 재는 하위척도 득점들을 표준화하지 않은 충분한 이유가 되지 못한다. 그러면서도 Silver는 SDT가 인지적 능력도 측정하고 정서적 특성도 사정하는 좋은 도구라고 말하고 있다.

K-SDT도 정서적 특성을 재는 척도(PS, SS TOE)의 득점분포에 약간의 문제가 있고(〈부록 14, 15〉 참조) 신뢰도와 타당도도 다소 만족스럽지 않은 점이 발견되었지만 표준화를 단행하였다. 그것은 인지적 특성을 재는 척도들과 정서적 특성을 재는 척도들 간의 균형을 맞추기 위함이었다. 정서적 특성을 재는 하위척도의 득점분포에 납득하기 어려운 점이 나타난 원인은 여러 각도에서 분석될 수 있지만, 그중에서 가장 중요한 것은 채점자가 '투사'와 '동일시'를 확인 · 해석할 수 있는 충분한 임상적 경험이 미숙하여 그림에 나타난 다른 사람의 정서상태를 무조건 수검자의 정서상태로 취급한 흔적이 많았기 때문이다. 그림을 그린 후에 상상해서 그리는 검사용지의 표지에 적은 내용과 검사자와 수검자의 개별면담은 수검자가 그림에 그려진 사람, 사건 또는 물건과 동일시하고 그들의 정서가 그것에 투사되었다는 것이 확인되었을 때만 채점하고 그 이외의 경우는 모두 0점으로 처리해야 하는 원칙이 지켜지지 않았기 때문이다.

사실 채점항목 및 채점기준이 다르다고 하지만 동일한 그림을 A 각도에서 보았을 때는 지적 능력 중 창의력을 재고, B 각도에서 평가했을 때는 그림에 비추어진 수검자의 정서 또는 자기의 이미지에 대한 스스로의 느낌을 채점한다는 것은 웬만한 임상적 경험과 탁월한 심리학적 지식과 제대로 된 개인면담의 기능을 갖추지 않고서는 도저히 불가능한 채점방식이다.

앞으로 정서적 특성도 심리측정이론에 입각하여 안심하고 검사결과를 해석할 수 있도록 더 많은 데이터를 보강할 것을 약속하고 우선 PS, SS, TOE도 통계적 추론과 임상적 판단으로 검사결과를 해석하는 방략들을 간단히 설명하기로 한다. 다만 K-SDT에서 정서적 특성을 재는 척도에서 취득한 점수를 해석할 때 지나치게 확률론적 모델에 의존하거나 반대로 확률적 모델을 피할 목적으로 점술사와 같은 허황한 이야기를 늘어놓으면서 심리진단을 하는 코미디를 연출하는 일이 없도록 각별히 주의할 것을 당부한다.

1) 통계적 추론

인지적 능력을 잴 때는 PDS, DOS, DIS의 측정항목과 관계되는 항목이 그림에 표현되어 있으면 놓치지 않고 모두 채점한다. 그러나 정서적 특성을 사정할 때 '정서' 또는 '대상 이미지에 대한 느낌이나 태도'가 DIS에 나타났다고 하여 아무런 조건 없이 채점하여 점수를 반영하지 않는다. 따라서 통계적으로 추론하든 혹은 임상적인 판단을 하든 PS, SS를 채점할 때는 무엇보다 먼저 '투사'와 '동일시'를 확인하는 작업에 착수해야 한다.

인지적 능력을 재는 하위척도에서 수검자들이 받은 점수를 통계적으로 해석할 때 지적한 바와 같이 K-SDT의 정서적 하위척도 득점의 분포에는 문제점이 나타나 있다. 즉, 〈부록 15〉를 보면 T-점수가 30~80점대에 분포되어 있는 하위척도가 하나도 없고 25~60점대에 분포되어 있다는 것을 알 수 있다. 말하자면 최고점을 받아도 T-점수가 65점 또는 64점이 된다는 것이다. 이것 또한 투사 하위척도나 자아상 하위척도가 각각 1~5점으로 채점되는 단 한 개의 문항으로만 구성되어 있기 때문이라고 판단된다. 그러므로 정서적 하위척도의 T-점수를 해석할 때도 세심한 주의가 필요하고 함부로 T-점수를 남용하는 것은 대단히 위험하다는 것은 항상 인식해야 한다.

어떤 패스트푸드점에서 주문한 종이컵 속의 음료수는 고객의 주문에 따라서 잔에 담긴 음료수의 종류가 다를 수 있을 뿐이지 컵은 모두 똑같은 종이컵이다. ○○ 패스트푸드점이라고 인쇄된 종이컵에는 콜라가 담겨 있을 때도 있고, 사이다가 있을 때도 있으며, 주스를 담을 수도 있다. 마찬가지로 K-SDT를 이용하여 사정한 정서적 특성은 통계적으로 추론하는 방략들과 근본적으로 동일하다.

음료수 컵에 콜라를 담거나 사이다를 담듯 관찰, 예측, 상상 대신에 투사(PS) 또는 정서적 요인과 자기 이미지(SS)를 대입하면 된다. 일반적으로 인지적 능력을 재는 척도의 득점을 통계적 추론에 근거하여 해석하는 방략들은 T-점수와 백분위의 통보, 측정항목별 검사점수들을 해석하는 방법, 측정의 오차를 고려하는 검사득점의 해석, 회귀방정식을 이용하는 검사득점의 예측을 설명하지만, 이 책에서는 측정항목별 점수들의 해석방법과 프로파일 작성과 해석방법을 제외시킨다. 그 이유는 PS와 SS에는 측정항목이 따로 없고 측정항목이 바로 하위척도가 되기 때문이다. 그렇다고 해서 인지적 능력을 사정한 결과를 통계적으로 해석할 때에만 프로파일을 작성하여 해석하는 방략이 적용되고 정서적 특성을 잰 결과는 통계적으로 추론에 입각한 해석이 불가능하다는 것은 아니다. 지면을 줄이기 위한 불가피한 조치일 뿐 프로파일을 작성하고 활용하는 방법은 검사결과의 해석에서도 쓰고 있다.

여기서는 ① 투사와 동일시의 확인, ② 통계적 추론의 일반적 절차, ③ T-점수와 백분위(%ile)의 통보방식에 대해서 설명하기로 한다. 투사와 동일시의 확인은 검사결과를 임상적 판단으로 해석할 때에도 해야 하는 필수적인 과제다.

(1) 투사와 동일시의 확인

정신분석학에서는 자아에 의해서 받아들여질 수 없는 자신의 욕망이나 동기, 감정, 생각 등을 타인에게 무의식적으로 귀속시키는 것을 투사(projection)라 하며 그것은 일종의 방어기제다. 한편, 타인의 동기나 심리적 특징을 자신의 것으로 받아들임으로써 자신의 좌절된 동기나 결핍을 경험하고 있는 심리적 좌절을 감소시키려는 방어기제를 동일시(identification)라고 한다. 자신보다 성공한, 탁월한 사람의 성향적 특징(감정, 사고, 행위)이나 상황적 특징(소속, 지위, 집단)을 복사하듯 따름으로써 자신의 성향적 또는 상황적 특징으로 간주하거나 인식하며 환상적 만족을 느끼는 것도 일종의 동일시다.

K-SDT는 상상하여 그리는 그림을 그릴 때 수검자가 그림 속에 그린 사람, 사건 또는 물건들에 자기 자신의 감정을 투사하거나 자기 자신과 동일시하는 경향이 있다고 가정하고, 그것을 분석하면 그림을 그린 사람의 감정상태와 자기 이미지에 대한 느낌을 측정할 수 있다고 주장한다.

그림을 그리는 사람의 나이가 어릴수록 그리고 심리상태가 단순하고 소탈할수록 그림 속에 자신의 감정을 투사하는 경향이 짙고 그림 속의 인물과 자기 자신을 동일시한다(Freud, 1958). 그러나 자기 자신을 전혀 투사하지 않고 동일시하는 대상도 그리지 않은 그림이 수검자의 3/10에 가깝다고 한다(Silver, 1983). 만약 그런 그림을 보고 PS, SS, TOE를 채점해서 점수가 나왔다면 그것은 다른 사람의 감정 또는 다른 사람의 이미지이지 그 그림을 그린 사람의 자기 이미지는 아니다. 자유화나 상상화를 한 장 그리도록 요구하면 그 전날 저녁 TV나 영화 또는 만화에서 본 것을 그대로 베끼듯 그리는 아동들이 많다. 그 경우 수검자가 투사 또는 동일시한 것은 하나도 없고 그림 속의 감정 및 자기 이미지는 TV나 만화 주인공의 감정 상태이고 다른 사람의 이미지일 뿐이다.

그러므로 우리는 PS와 SS를 채점하기 전에 DIS 검사용지의 표지에 수검자가 쓴 내용을 비롯하여 상상하여 그린 그림 밑에 쓴 이야기와 주인공도 보고 DIS를 끝낸 다음 검사자와 수검자가 면담한 내용들을 확인 · 검토하여 수검자의 감정이 그림 속에 투영되었고 자신의 이미지와 동일시하고 있는지를 확인해야 한다. 투사와 동일시가 이루어진 부분만을 채점 · 해석했을 때 비로소 정확한 검사결과가 될 수 있다.

Silver는 1983년과 1992년에 SDT는 그림을 가지고 그것을 그린 사람의 인지적 능력과 정서적 특성을 재는 데 사용할 수 있는 아주 유용한 종합 측정도구라고 연거푸 대서특필하여 놓고서는 인지적 능력을 재는 척도들의 점수에 대한 규준만 제시하고 정서적 특성을 재는 척도들의 점수에 대한 규준은 작성하지 않았다. 왜 그랬을까? 정서적 특성을 재는 PS와 SS의 점수분포가 워낙 들쭉날쭉하고, 평균 및 표준편차의 변화에 일관성이 결여되어 있고, 두 척도치를 더한 총점의 분포상태도 마찬가지였고, 문항 수도 각각 1개의 5점 평정척도로 되어 있고, 따라서 총점은 2개의 문항이라는 조건들이 검사결과를 심리측정이론에 입각하여 수량적으로 해석하는 것이 부당하다는 것을 Silver도 인식했기 때문에 규준을 작성하지 않았으리라고 짐작한다.

K-SDT는 정서적 특징을 재는 척도들의 점수도 규준을 만들어 제시했다. 득점분포가 Silver의 SDT에서 수집한 정서적 특성의 득점분포보다 신뢰로워서 그렇게 한 것은 아니었고, 오직 인지적 능력을 재는 하위척도와 외형상 균형을 갖추기 위한 불가피한 조치였다. 솔직히 말해서 그것은 정서적 특성을 잰 하위척도의 점수들을 통계적 추론에 입각한 해석을 한다면 심각한 위험이 있다. 그러므로 K-SDT로 정서적 특성을 측정할 때는 DIS의 상상하여 그린 그림 밑에 쓰는 '제목'과 '이야기' 그리고 DIS 검사용지 표지에 수검자가 적어 놓은 '주인공'과 '감정상태'를 자세히 읽고, 검사

가 끝난 후에 수검자와 면담한 내용(DIS 검사용지 뒷면과 실시요강 참조)을 다시 한 번 자세히 읽고 그 표지와 [P]와 [I] 체크란을 확인한 후에 채점 또는 해석해야 한다.

PS(Projection Scale)는 그림에 투사된 수검자의 주제(theme)의 감정과 주위 사물 또는 환경과의 관계가 부정적-긍정적인가를 판단한다. SS(Self-image Scale)는 그림을 그린 사람의 자기 이미지가 그림에 투영된 정도를 잰다. Silver(1983, 1992)는 PS와 SS의 점수 그리고 수검자의 이야기로 우울증(clinical depression)을 사정할 수 있다는 것을 여러 논문을 통해 강력히 주장하고 있다.

규준표에는 PDS, DOS, DIS, TOA의 규준은 제시되어 있지만 하위척도별 측정항목에 대한 규준이 없다. 예를 들면, PDS에서 순서개념, 수평개념, 수직개념의 형성을 평정한 점수는 T-점수로 전환하지 않았고, DOS도 좌우개념, 상하개념, 전후개념의 두 점들을 표준화하지 않았고, DIS도 선택능력, 조합능력, 표상능력을 잰 점수들을 T-점수로 전환하지 않았다. 그것은 그들 측정항목이 중요하지 않다는 것을 의미하지 않는다. 가령 순서개념과 수평개념은 충분히 형성, 활용되고 있지만 수직개념의 발달이 미숙하다 등과 같이 구체적인 코멘트를 남길 수 있는 깊은 하위척도별 측정항목에서 받은 점수를 확인, 비교하면 된다.

Silver(1983, 1991)는 PS와 SS를 채점하는 기준은 공개했지만 정서적 특성을 재는 사정척도의 점수들에 대한 규준은 일절 작성하지 않고 PDS, DOS, DIS 그리고 TOE(인지적 능력을 재는 사정척도의 득점)만을 표준점수로 전환했다. 그가 정서적 특성을 재는 사정척도의 점수들을 T-점수로 전환하지 않는 이유는 무엇일까? PS와 SS는 각각 1개의 5점 평정척도 문항으로 구성되어 있기 때문에 수량적 해석이 거의 무의미하고, 두 문항에서 수검자가 받은 점수를 합해도 이론적으로 점수의 폭이 2~10점밖에 되지 않아 K-SDT에서 얻은 정의적 특성을 측정한 결과는 통계적 추론보다 임상적 판단과 해석에만 의존하는 것이 바람직하다고 판단했기 때문이라고 생각한다.

그러나 K-SDT는 PS와 SS에서 받은 득점을 수량화시키고 있으므로 다소 무리한 점이 있더라도 PS와 SS 및 그 총점을 T-점수로 전환하고 백분위도 제시하여 놓았다. 그렇지만 정서적 특성을 잰 사정척도의 점수는 가능한 한 임상적 판단을 기초로 한 종합적 해석을 해 줄 것을 권장한다.

(2) 통계적 추론의 일반적 절차

DIS에 그려진 요소 중 PS와 SS에 해당되는 부분이 있고 그것은 그림을 그린 사람의 감정이 투사되었고 자기 자신을 그림 속의 인물, 사건 또는 물건들과 동일시하고 있다는 확증을 얻었으면, 통계적으로 추론하여 인지적 능력을 측정한 점수를 해석하는 방략은 정서적 특성을 잰 점수를 통계적으로 추론하여 통보할 때도 그대로 사용할 수 있다. 수검자가 받은 원점수의 표준점수(T-점수와 백분위)로 알려 주기도 하고, 측정오차를 감안하여 신뢰구간을 설명하는 방법도 가능하며, 외적 준거를 이용한 타당도 계수가 있으면 회귀방정식을 이용하여 다른 심리검사에서 받을 수 있는 점수를 예측하는 것도 가능하다.

예를 들면, 예언타당도와 추정의 표준오차를 사용하여 직접 검사받은 적이 없는 다른 검사에서 재는 심리검사에서 재는 '자존감' 또는 '정서적 안정감'이 어느 정도인지를 추정하는 데 사용하는 경우다. K-SDT의 PS에서 T-점수로 69점을 받은 수검자는 불안을 전문적으로 측정하는 도구인

H-DAP에서 몇 점을 받을 것인가를 예언한다. 또한 〈부록 9〉를 복사하여 프로파일을 작성한 다음 개인차를 보다 전체적인 시각에서 역동적으로 설명하는 방법도 가능하며, 그때의 차이의 표준오차를 구하여 하위척도 점수 간의 차이를 확률론적으로 해석하는 것도 통계적 추론방략에 해당한다.

일부 국가에서는 '학습장애가 있는 듯한 아동' '암기력이 부족한' 또는 '이해력이 느리고 판단력도 부족한 사람'으로 진단되기보다 '성격이 못된 아이' '몹시 신경질적인 성격' '정서적으로 안정감을 잃은 사람'으로 진단되면 인생의 막다른 골목까지 온 것처럼 생각한다. 그러나 우리나라에서는 성격이 다소 별나고 문제가 있는 사람으로 낙인찍히는 것은 감당할 수 있지만 지적 능력이 부족한 사람으로 진단되는 것은 수용하기 어려워하는 경향이 있다. 더불어 검사결과를 해석할 때 성격검사나 정서적 특성에 대해서 설명하는 것은 별로 대수롭지 않게 생각하는 경향이 있으나, 지적 능력을 사정한 결과를 알려 줄 때 검사자는 긴장하면서 '머리는 다소 부족해도 마음이 어질고 착한 사람'이 되는 것이 중요한 일이지 '성질은 아주 못됐지만 머리가 좋은 사람'이 되는 것은 원하지 않는다고 한다. 그러나 성격적 문제가 완전히 드러난 뒤에 머리는 좀 둔해도 착한 사람이 되기를 원한다는 말은 어불성설이라 할 수 있다. 그와 같은 관점에서 보면, 정서적 특성의 상태에 대한 검사결과의 해석은 신중해야 하고 상당한 기술이 필요하다.

(3) T-점수와 백분위의 통보

K-SDT로 측정한 정서적 특성의 점수를 통계적으로 추론하여 수검자나 그 보호자에게 통보할 때도 T-점수와 백분위로 알려 주는 것이 좋다. 정

서적 특성을 측정한 결과도 가능하면 백분위로 설명할 것을 권장한다. 특히 PS와 SS는 각각 한 개의 5점 평정척도 문항으로 평가한 것이고 더욱이 신뢰도와 타당도도 낮은 편이기 때문에 양적 설명을 할 때 각별한 주의가 필요하다.

투사는 그림을 그린 사람이 DIS 그림에 자신의 감정을 비춘 부정-긍정의 정도이고 자기 자신을 그림 속의 인물, 사건, 물건과 긍정-부정으로 동일시한 정도를 잰 것이 자기 이미지에 대한 자신의 태도이므로 두 척도의 점수를 합한 TOE가 수검자의 정서적 상태를 설명하는 더 안정된 지표라고 할 수 있다.

다음 예시에서 영희는 8세 여아라고 가정하고 그녀가 취득한 원점수는 투사척도=4, 자기 이미지=4, 정서적 특성=8점이라고 가정한다.

자, 이번에는 영희가 이 검사에서 받은 점수로 '현재 영희의 감정상태'는 어떠하며 자기 자신의 모습에 대해 어떠한 느낌을 지니고 있는지를 알아보겠습니다.
'현재 영희의 감정상태'는 T-점수로 60점, '자기 자신의 모습에 대한 느낌'은 T-점수로 57점입니다. 두 점수를 합쳐 영희의 '일반적인 감정 상태'를 T-점수로 나타내면 59점이라고 할 수 있습니다.
인지능력을 알려 줄 때 이미 설명한 바와 같이 T-점수는 최하점은 20점, 평균은 50점, 최고점은 80점이 되도록 만들어졌습니다. 그러므로 이 사실을 염두에 두고 자신이 받은 점수의 의미를 생각해 보세요.

인지적 특성을 재는 사정척도의 점수를 알려 줄 때와 마찬가지로 정서적 특성을 재는 사정척도의 점수를 아동이나 그 보호자에게 통보할 때는

T-점수보다 백분위로 알려 주는 것이 쓸데없는 오해와 말썽을 불러일으킬 소지가 적어서 좋다. 또한 이번에도 가능하면 측정의 오차를 구하여 대략 몇 점을 ±해서 생각하는 것이 좋다.

검사결과는 현재의 상태 또는 발달수준을 가리키는 수치에 불과하고 앞으로 환경이 변하고 자신이 노력하면 얼마든지 변경될 수 있는 점수이므로 자신을 이해하는 수단의 검사에 불과하다는 것을 강조해야 한다. 정서적 특성을 측정하는 사정척도에서 영희가 받은 T-점수를 백분위로 알려 줄 때는 다음과 같이 말하는 것이 좋다. 검사결과를 프로파일로 작성하여 설명할 때에 흔히 사용하지만 검사자는 수검자나 그 보호자에게 백분위가 25 이하 또는 75 이상이며 100명 중에 그러한 점수를 받는 사람은 25% 이하 혹은 25% 이상밖에 되지 않으므로 약간 극단적인 성격이라고 해석한다. 이는 백분위가 26~74 정도가 되어야만 중용을 지킬 줄 아는 무난한 사람으로 간주하며 모든 사람들이 그러한 '보통' 사람의 성격을 갖추도록 기대하는 해석이다.

영희가 그림검사에서 받은 점수로 '요즈음 영희의 감정상태'와 '자기 자신의 모습'에 대해 어떠한 느낌을 지니고 있는지를 알아보겠습니다.

현재 영희의 감정상태는 백분위로 92, 자기 자신의 이미지에 대한 느낌은 86, 이들 두 점수를 합쳐 영희의 일반적인 감정상태는 백분위로 89입니다.

인지능력을 잰 점수를 알려 줄 때 설명한 바와 같이 백분위는 우리나라에서 전국적으로 나이가 같은 100명의 어린이를 골고루 뽑았을 때 그 점수를 받은 아동의 등수를 가리키는 점수입니다. 단, 이 점수는 끝에서 몇 등이라는 것을 의미합니다.

그러므로 일상생활에서 흔히 쓰는 말로 바꾼다면 영희의 현재 기분상태는

9번째로 긍정적이고, 자기 자신의 모습에 대한 느낌이 긍정적인 정도도 15번째이며, 그래서 전반적인 감정상태도 12번째로 상당히 긍정적이고 안정되어 있습니다.

말썽을 일으키지 않는 무난한 성격의 소유자도 좋지만 그렇게 되면 개성 있는 성격을 가지기 어렵다. 정서적 특성을 측정한 검사결과를 통계적 추론에 입각하여 해석하는 검사자는 자신도 모르게 그와 같은 불합리한 가정을 세워 검사결과를 해석할 때가 많다. 반사회적 · 비윤리적 행동특성이 아니면 그와 같이 획일적 · 수량적 해석을 하지 않는 것이 바람직하다.

2) 임상적 판단

신경생리적 장애를 진단하기 위해 환자의 지적 능력을 측정하는 검사들을 사용한 역사는 비교적 오래되었지만 정신병 환자를 대상으로 하여 심리검사를 실시한 역사도 꽤 오래되었다. 심리검사가 임상적 목적으로 사용되기 시작한 신호탄적인 역할을 한 것은 성격검사라고 할 수 있다. 특히 DAP를 예를 들면, 규준, 신뢰도, 타당도와 같은 통계적 수치가 일절 제시되어 있지 않다. 검사를 개발한 Machover(1946)는 2매의 그림(남자상, 여자상)을 보고 그것을 그린 사람의 성격을 사정하고 정상인인지 또는 정신병 환자일 가능성이 있는 사람인지 판단했다. 그는 그림에 사용된 소재, 구도, 색채, 묘사 등을 보고 성격을 진단했지 T-점수, 백분위 등과 같은 숫자놀음을 하지 않았다.

Alschuler와 Hattwick(1947)도 「그림과 성격(A Study of Painting and Personality of Young Children)」에서 그림과 아동의 성격과의 관계에 대해서

연구했고 그 후 몇몇 비슷한 연구들이 계속해서 발표되었다. 연구들의 예를 들면 동그라미는 여성적, 각이 진 선은 남성적 성격을 나타내며, 따뜻한 색(빨강, 분홍)은 정열적 느낌을 나타내고, 반대로 차가운 색은 이성적인 성격의 사람이고, 차가운 색 위에 따뜻한 색을 사용하는 사람은 자신의 정서를 통제하려는 사람인 반면에, 따뜻한 색을 바탕으로 하여 그 위에 차가운 색을 사용하는 사람은 정서를 누르고 이성적으로 행동하려는 성격의 소유자라고 해석했다.

그와 같은 해석은 검사결과에 대한 임상적 판단의 대표적인 예라고 할 수 있다. 해석의 근거가 희박하고, 정신분석학이나 꿈의 해석 등에 기초를 두고 있다고 하지만 과학적 근거가 없으며, 점술사와 같은 풀이라는 비판에 대해 거의 무방비 상태다. 그러므로 임상적 판단에 근거를 둔 접근을 시도할 때에는 각별한 주의가 필요하다. 자칫 잘못하면 점술사와 같은 해석을 한다는 공격에서 벗어나기 어렵기 때문이다. 정신분석학의 이론에 대해서 아무런 지식도 가지고 있지 않고 임상적인 경험도 없으면서 그림을 보고 그것을 그린 사람의 성격을 판단할 때 발생할 수 있는 위험을 겪지 않도록 노력을 기울여야 하겠지만, 그렇다고 하여 그림을 보고 그것을 그린 사람의 성격을 통계적으로 추론한다는 것도 무리다.

그런 점을 호소하면서 그림으로 성격을 진단할 때는 임상적 판단을 사용하는 연구자들이 많다. 그래서 Silver(1983, 1992)도 PS, SS, TOE의 득점을 표준점수로 전환하지 않았는지 모른다. 문항 수와 점수의 분산이 적고 신뢰도 및 타당도가 낮기 때문에 통계적 추론에 입각하여 검사결과를 해석한다는 것은 무리라고 할 수 있다. 그럼에도 불구하고 K-SDT에서는 PS, SS, TOE 점수를 표준점수로 바꾸었다. 그것은 이 측정도구로 잰 정서적 특성도 통계적 추론에 입각하여 해석해도 좋다거나 통계적 추론을 권장하기 위한 것은 아니다. 오히려 수검자가 취득한 PS, SS, TOE 점수는 임상적 판단을 중심으로 해석하는 것을 원칙으로 하되, 통계적 수치는 참고자료로 사용할 수 있도록 검사자에게 편의를 제공하기 위함이었다.

통계적 추론과 임상적 판단은 일종의 개념적인 구분에 지나지 않으며 실제 장면에서는 두 가지 방략이 절충되어 사용될 때가 많다. 그리고 인지적 능력을 잰 검사결과를 임상적인 판단에 의거 · 해석하는 방략은 그대로 정서적 특성을 측정한 검사결과를 임상적으로 판단 · 해석할 때에 적용된다. 그러므로 PS, SS, TOE 득점을 임상적 판단에 의거하여 해석하는 방략은 이미 모두 설명되었다고 해도 지나친 말이 아니다. 여기서는 임상적 판단을 중심으로 측정한 결과를 정서적 특성을 설명할 때에 유의해야 두 가지 점을 강조하기 위해 ① 질적, 종합적인 기술과, ② 원인과 대안의 제시에 대해서만 언급하기로 한다.

(1) 질적, 종합적인 기술

정서적 특정을 재는 사정척도는 PS와 SS로 나누어지고 그 두 척도에서 받은 점수를 합하며 그림을 그린 사람의 정서적 상태가 어느 정도 부정적-긍정적인가를 평정한다. PS는 이야기의 주제(theme)는 이야기에 드리워진 감정이 부정적(negative)-긍정적(positive)인 정도를 5점 척도로 평정하고 SS도 이야기 속에 새겨진 환상(fantase)이 불쾌한(unpleasant)-유쾌한(pleasant) 또는 부정적(negative)-긍정적(positive)인 정도를 5점 척도로 평정하고 있으므로 이들 두 척도에서 받은 득점을 합하면 수검자의 정서적 특징 또는 요소를 전체적으로 평가하는 지표로 사용할 수 있다는 것이다. 부정적-긍정적으로 나누는 감정의 색깔은 슬픈-기쁜, 고립-구원,

사망-소생, 정력적-무기력, 능동적-수동적, 사랑하는-미워하는, 유쾌한-불쾌한, 안정된-불안한, 파괴적-건설적, 친근한-소원한 등과 같은 구체적인 의미를 갖는 낱말로 대치하는 것이 바람직하다.

거듭 말하지만, K-SDT에서 정서적 특성을 재는 사정척도의 하위척도의 하나인 PS는 수검자에게 50매(또는 15매)의 자극그림카드를 제시하고 그중에서 가장 마음에 드는 2~3매만 골라 하나의 이야기를 상상으로 만들어 한 장의 그림으로 그리도록 지시했을 때 그 그림에 비추어진 수검자의 정서상태가 부정적-긍정적인지를 따져 5점 척도로 평정한다. 다시 말해 PS는 수검자가 고른 세 장의 그림으로 엮은 이야기와 주제에 담긴 정서의 안정 또는 긍정적-부정적 상태를 평가한다. 상상하여 그리기 그림 속의 이야기와 주제에 나타난 상태를 행복-불행, 고립-구원, 사망-출생, 정력적-무기력, 능동적-수동적, 기쁜-슬픈, 사랑하는-미워하는, 유쾌한-불쾌한 등으로 평가하는 것이다.

결과적으로 그것은 수검자의 정서적 동요와 갈등, 욕구불만, 불안, 우울 등을 나타내는 지표라고 가정한다. 한편, SS는 그림을 그린 수검자가 그림 속에 나타낸 자기 자신이 어느 정도 부정적-긍정적인가를 평정하는 척도다. 만약 자기 자신의 이미지에 대한 환상이 부정적이면 그림 속의 주인공도 부정적으로 묘사될 것이고, 반대로 자기 자신의 이미지가 긍정적이면 그림 속의 주인공에 대한 판타지도 긍정적일 것이라는 가정을 전제하고 있다.

그러므로 무슨 일로 인한 정서적 갈등, 동요, 욕구불만, 불안, 우울인지 파악할 수 있고 또한 얼마나 오랫동안 깊이 누적된 것인가를 유추할 수 있다. Silver(1983)는 PS와 SS에서 받은 점수를 더한 값은 우울증과 정서적 갈등을 재는 척도로서 대단히 유용하다는 것을 특별히 강조하였다. 다만

PS와 SS는 그림 속에 자신의 감정을 투사하고 그림 속에 있는 인물, 사건 또는 물건 등을 자기 자신과 동일시한다는 투사(projection) 및 동일시(identification)의 원리에 바탕을 두고 있다.

그러므로 '상상하여 그리기' 그림을 끝낸 직후에 그림 밑에 그림의 '제목'과 '이야기'를 적게 하고, 다시 DIS 검사용지의 표지(〈부록 5〉 참조)에 등장인물, 수검자의 감정상태, 장소, 시간 등을 표시하게 하며, 검사자와 수검자가 면담을 하게 하는 것은 그림 속에 인물과 동일시하고 있는가를 확인하기 위한 것이다. 투사와 동일시가 확인되었을 때만 채점, 해석해야 하고 투사 또는 동일시했다는 증거가 발견되지 않으면 그 PS와 SS 총점은 단순히 어떤 그림을 복사한 것에 불과하며 그 그림을 그린 사람의 감정이 드러났다고 할 수 없기 때문에 채점을 해서는 안 된다.

K-SDT에서 측정하는 PS, SS, TOE는 수검자의 성격을 묘사하는 것이 아니라 성격의 일부인 정서적 상태를 나타낸다. 그러므로 막연히 정서적 상태가 '긍정적이다' 또는 '부정적이다'라고 판정할 것이 아니라 수검자가 그린 그림과 주제, 제목, 면담내용 등을 종합적으로 분석하여 어떤 내용의 정서 감정이 어느 정도 그리고 무엇 때문에 불안정한 상태인지를 구체적으로 기술해야 한다.

다시 말해 '정서가 대단히 불안정하고 동요가 심하다.'라고 판단하기보다는 '미술학원에 있는 친구와의 갈등으로 인하여 대단히 초조하고 불안한 상태이며 그 기간은 약 6개월이 되는 것 같다. 학원 교사가 적절한 조치만 취한다면 쉽게 치료될 수 있다고 판단한다.'라고 기술하는 것이 임상적 판단에 가깝다.

(2) 원인과 대안의 제시

인지적 능력을 측정한 결과를 임상적으로 해석하는 절차를 다룰 때 채점 작업, 특성대비, 비율점검, 구조확인, 발달수준, 원인규명, 처치제시, 자원 확대를 하여 질적으로 기술하는 절차를 설명한 바 있다. 임상적 판단을 할 때 이 모든 단계를 빠짐없이 말이나 글로 진술해야 한다는 것은 아니다. 그렇게 하려고 노력해도 측정내용이나 검사결과를 통보받는 자의 입장이 그 조건들을 전부 충족시키는 것이 불가능할 때가 있다. 되도록이면 그와 같은 조건들을 상세하게 반영하도록 노력할 것을 당부하는 것이다.

K-SDT로 정서적 특성을 잰 결과를 참고로 예시하자 한다. 가령 순희가 PS에서 받은 점수가 백분위로 32이고 SS 점수의 백분위가 85였다고 하면, 검사자는 다음과 같이 수검자나 그 보호자에게 검사결과를 설명할 수 있고 그것은 임상적 판단에 입각하여 검사결과를 해석한 것이라고 할 수 있다.

대체로 PS가 낮으면 SS도 낮고 그로 말미암아 TOE도 현저하게 낮은 점수가 된다. 반대로 PS가 높으면 SS도 높고 TOE도 높다. 그러나 PS가 낮지만 SS는 높다든가 또는 PS는 높지만 SS는 낮은 결과가 나타날 때도 적지 않다. 왜냐하면 PS는 대체로 외적 사상에 대한 자기 감정이고 SS는 자기 이미지에 대한 자신의 감정이기 때문이기 때문이다. PS는 일시적인 경우가 많고 SS는 습관적이고 장기적인 느낌일 때가 많다.

예를 들면, 어떤 사건으로 인해서 또는 주변의 환경이 변해서 감정의 동요가 생기고 그것이 그림에 투영되었다면 그 감정은 가까운 장래에 자연적으로 소거될 수 있는 감정상태다. 만약 PS가 비교적이며 지속적인 것이고 부정적인 것이라면 만성적인 우울증이나 신경증에 걸릴 가능성이 높다는 것을 지적해야 한다.

순희는 현재 마음이 매우 괴로운 것 같습니다. 그러나 순희가 자기 자신에 대해서 가지고 있는 느낌은 비교적 유쾌하고 행복하다고 생각합니다. 마음이 괴로운 이유는 지난달에 키우던 강아지가 갑자기 죽었기 때문이고 그러한 우울한 감정은 곧 사라지게 될 것입니다.
만약 괴롭고 답답한 마음을 훌훌 털지 못하고 계속 간직하고 있다면 습관적인 우울증에 걸릴 염려도 있습니다. 그러므로 꽃을 기른다든가 또는 새로 강아지를 한 마리 사서 키울 계획을 세워 보세요.

그에 비해 SS는 자기 자신에 대한 자신의 태도 또는 느낌을 이야기하는 것이므로 쉽게 변하지 않는다는 것이 성격이론에서 일반적으로 밝혀진 사실이다. 그러므로 PS와 SS의 점수를 합한 TOE를 함부로 해석해서는 곤란하다. 그 까닭은 일시적으로 동요되는 감정상태와 비교적 지속적인 감정상태를 합하여 말하는 것으로 그 발전 또는 변화의 방향을 가늠하기 어렵기 때문이다. 또한 PS와 SS의 감정내용이 일치하지 않을 때가 있기 때문이다. 즉, PS는 슬프다–기쁘다의 차원에서 체험한 감정상태이지만 SS는 답답하다–시원하다는 차원의 감정상태이기 때문에 성질이 다른 감정을 더해서 쉽게 긍정적–부정적으로 판단하는 것은 위험하다.

부록

1. 예측하여 그리기 검사용지(PDS)
2. 관찰하여 그리기 검사용지(DOS)
3. DOS 관찰자료 배치도
4. DOS 관찰자료 제시 형태
5. 상상하여 그리기 검사용지(DIS)
6. K-SDT 자극그림카드(A)
7. K-SDT 자극그림카드(B)
8. 검사결과 채점용지(개인용 A, B)
9. 그림을 이용하는 사정기법: 검사결과 프로파일
10. 검사결과 채점용지(집단용)
11. K-SDT 문항분석 결과 요약: 남자 아동
12. K-SDT 문항분석 결과 요약: 여자 아동
13. K-SDT 문항분석 결과 요약: 전체
14. K-SDT의 인지 및 정서 하위척도의 연령 및 성별 평균 및 표준편차
15. 규준

부록 1 예측하여 그리기 검사용지(PDS)

K-SDT
예측하여 그리기 그림
(PDS)

문명혜

이　　름: ____________ 생년월일: ____________ (만 _____세) 남자/여자

특기사항: ____

____

____

학지사 심리검사연구소

부록 1-1 예측하여 그리기 검사용지(PDS)

1 다음의 그림을 자세히 봅시다. 첫 번째 컵에는 음료수가 가득 차 있고 한 개의 빨대가 꽂혀 있습니다. 그 속에 담긴 음료수를 몇 모금 마신다고 생각해 봅시다. 조금씩 그리고 천천히 그 유리컵에 음료수가 한 모금도 남지 않을 때까지 마신다고 생각합시다. 그와 같이 한 모금씩 계속 마실 때 컵에 남아 있는 음료수는 어떤 모양으로 변할지 선으로 나타내 보십시오.

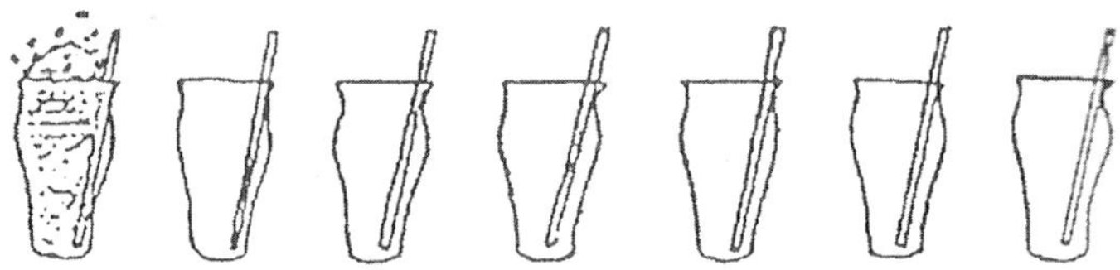

2 이번에는 다음과 같은 두 개의 병에 각각 물을 반쯤 채웠다고 생각합시다. 병에 물이 반쯤 들어 있다는 것을 어떻게 나타내어야 할지 생각해서 그것을 2개의 병에 각각 선으로 나타내 보십시오.

❸ 다음은 산과 바다를 그린 그림입니다. 한 사람이 낚시를 하고 있습니다. ×표시가 있는 곳에 집을 세운다고 생각합시다. 그것을 어떻게 그리면 될까요? 그 자리에 집을 그려 보십시오.

부록 2 관찰하여 그리기 검사용지(DOS)

K－SDT

관찰하여 그리기 그림

(DOS)

문명혜

이　　름: ____________ 생년월일: ____________ (만 ______세) 남자/여자

특기사항: ____

____

____

학지사 심리검사연구소

부록 2-1 관찰하여 그리기

물건이 있는 그대로 혹은 보이는 대로 그려 본 적 있습니까? 그것들을 자세히 보고 아래 빈 칸에 그 물건들이 보이는 그대로 그려 보십시오.

부록 3 DOS 관찰자료 배치도

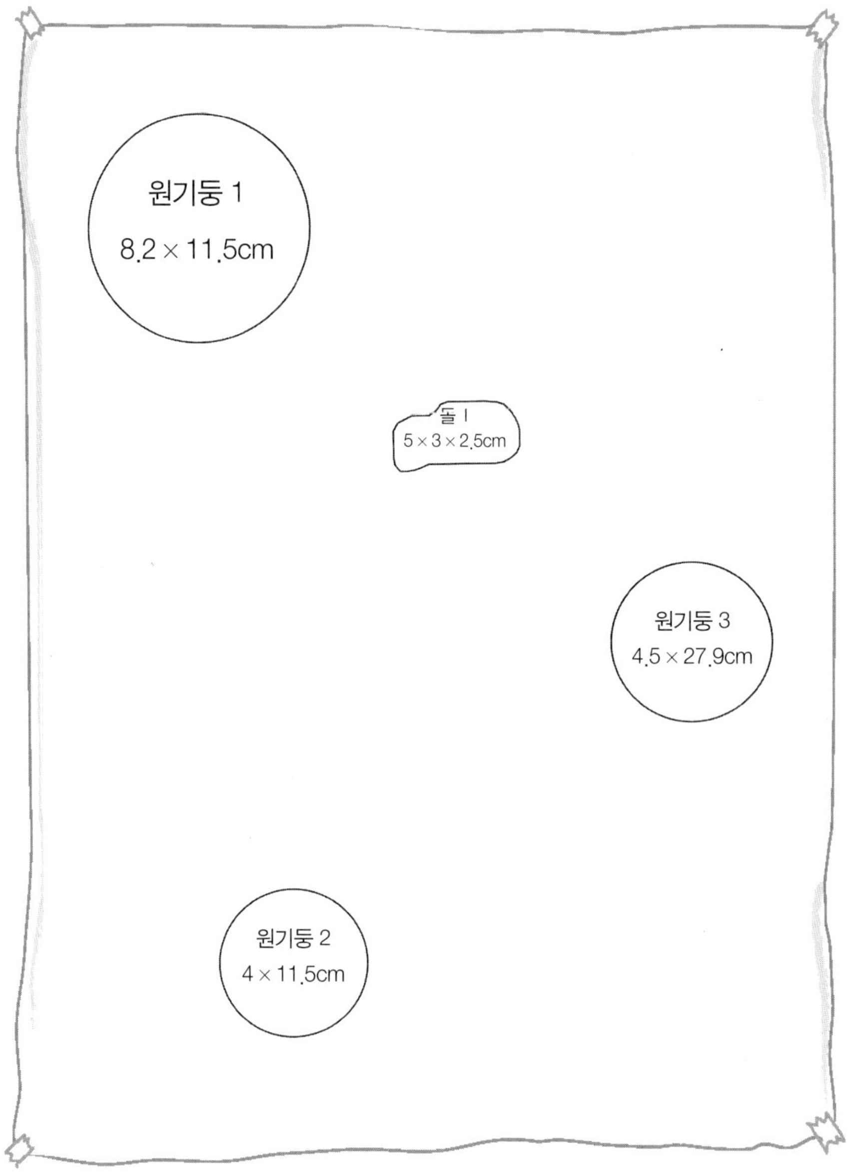

부록 4 DOS 관찰자료 제시 형태

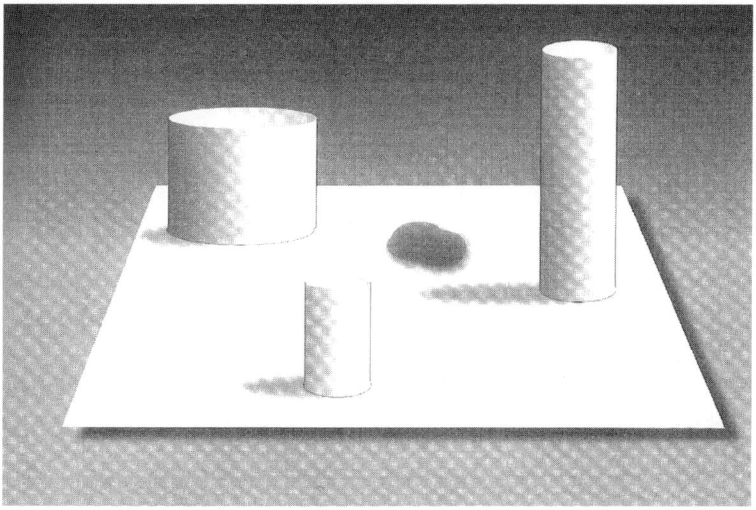

[정면에서 본 것]

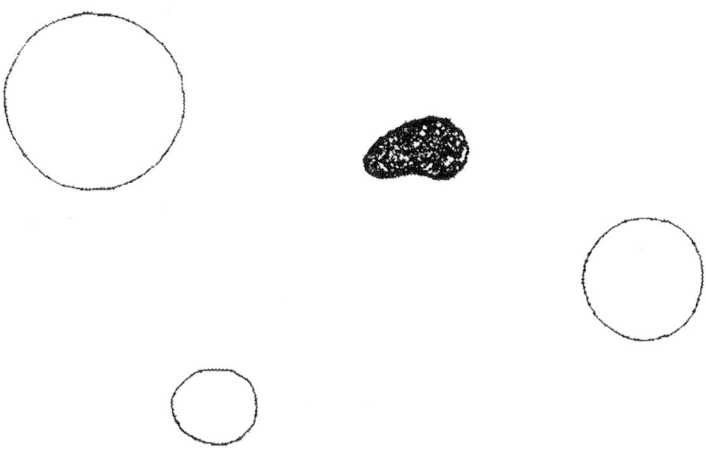

[위에서 본 것]

부록 5 상상하여 그리기 검사용지(DIS)

K-SDT
상상하여 그리기 그림
(DIS)

문명혜

이 름: __________ 생년월일: __________ (만 ____세) 남자/여자

특기사항: ____

____

____

• 이 그림 속 이야기의 주인공	▣ 이름: __________ 남자/여자 ▣ 나이: __________
• 이 그림 속에 벌어진 일의	▣ 장소: __________ ▣ 시간: __________
• 이 그림을 그릴 때의 기분은?	▣ 즐거웠다. ▣ 화가 났다(짜증이 났다). ▣ 놀랐다. ▣ 슬펐다.

학지사 심리검사연구소

상상하여 그리기

제 목: ______________________

이야기: ______________________

____

____

____

____

점 수: 선택( ), 조합( ), 표상( )/투사( ) 자아상( )

부록 6 K-SDT 자극그림카드(A)

상상하여 그리기

자극그림카드(A형): 50매

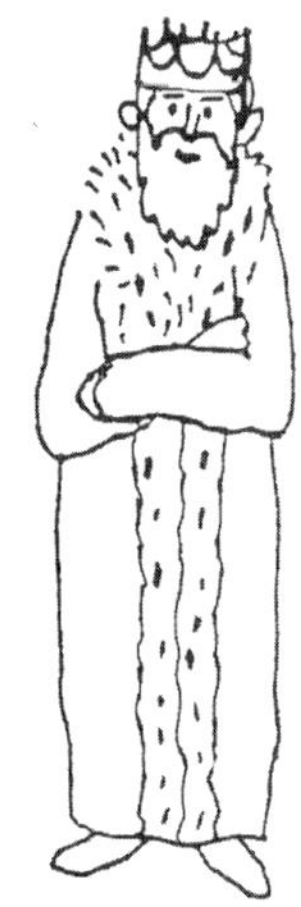

K-SDT 사람

K-SDT 사람

K-SDT 사람

K-SDT 사람

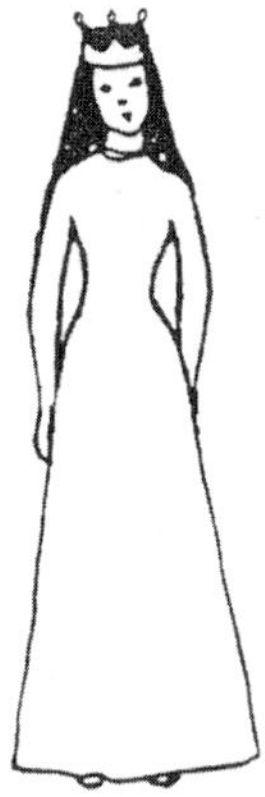

K-SDT 사람

K-SDT 사람

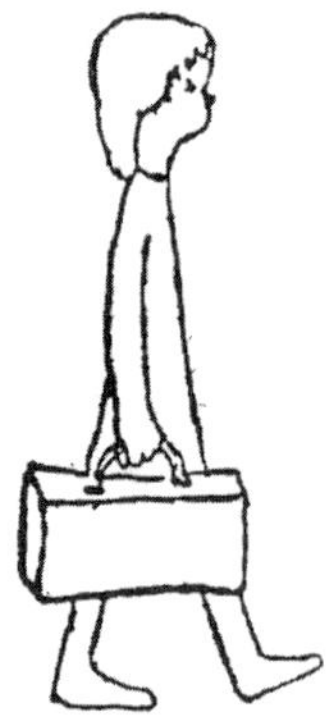

K-SDT 사람

K-SDT 사람

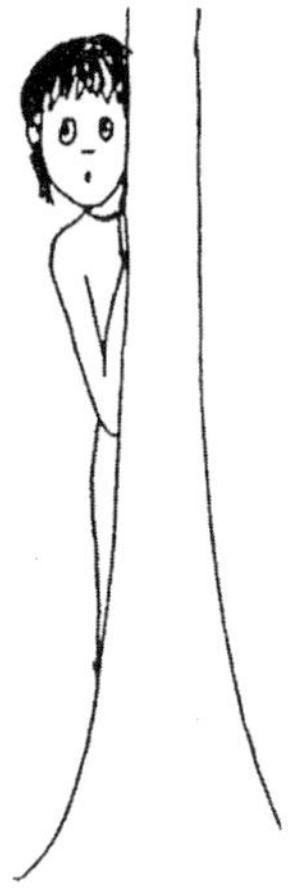

K-SDT 사람

K-SDT 사람

K-SDT 사람

K-SDT 사람

K-SDT 사람

K-SDT 사람

K-SDT 사람

K-SDT 사람

K-SDT 사람

K-SDT 동물

K-SDT 동물

K-SDT 동물

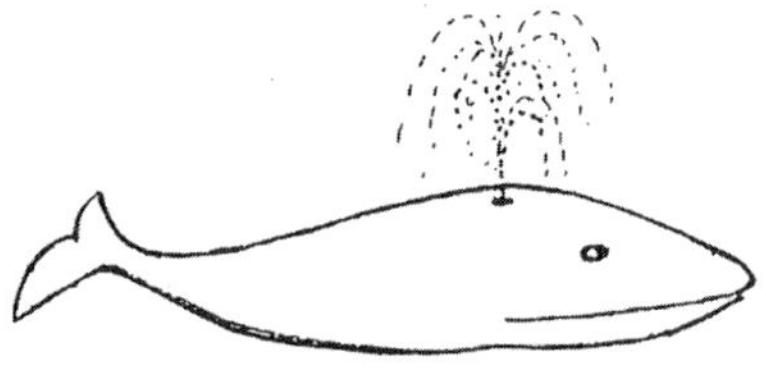

K-SDT 동물

K-SDT 동물

K-SDT 동물

K-SDT 동물

K-SDT 동물

K-SDT 동물

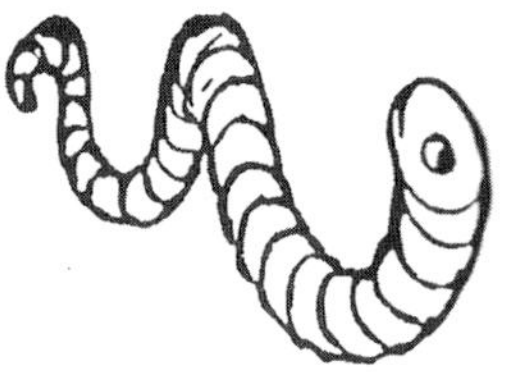

K-SDT 동물

K-SDT 동물

K-SDT 물건

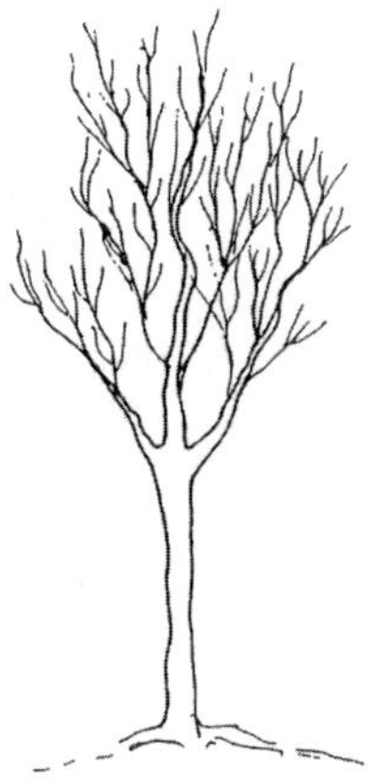

K-SDT 물건

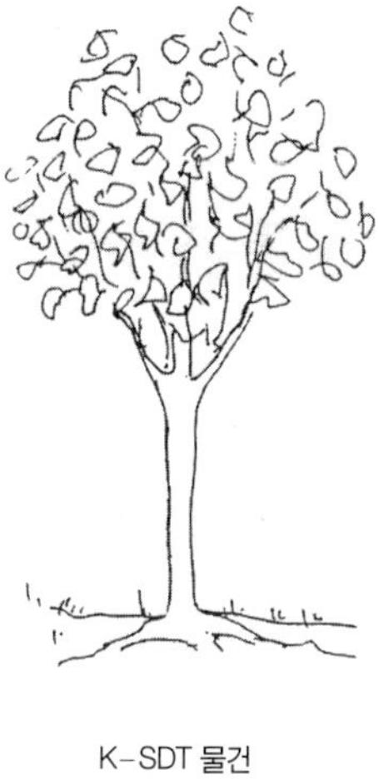

K-SDT 물건

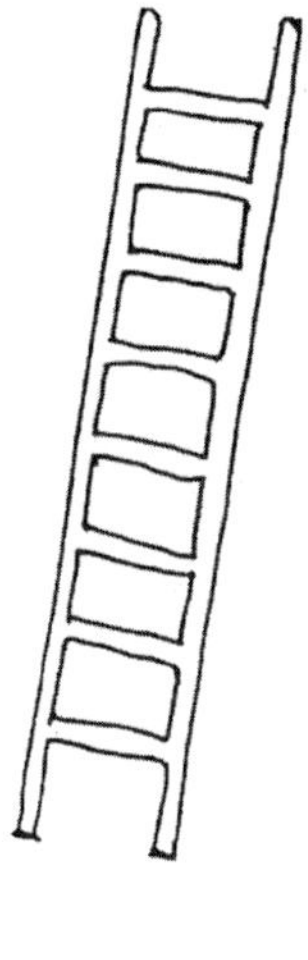

K-SDT 물건

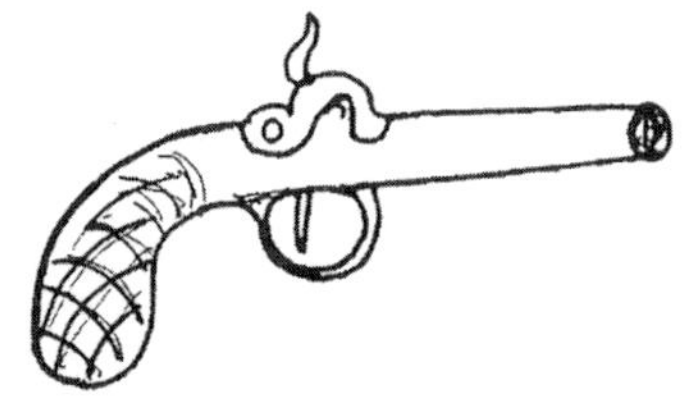

K-SDT 물건

K-SDT 물건

K-SDT 물건

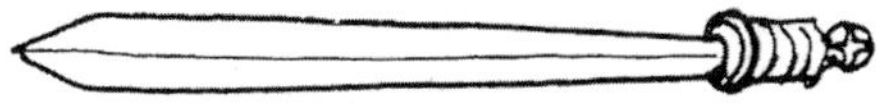

K-SDT 물건

K-SDT 물건

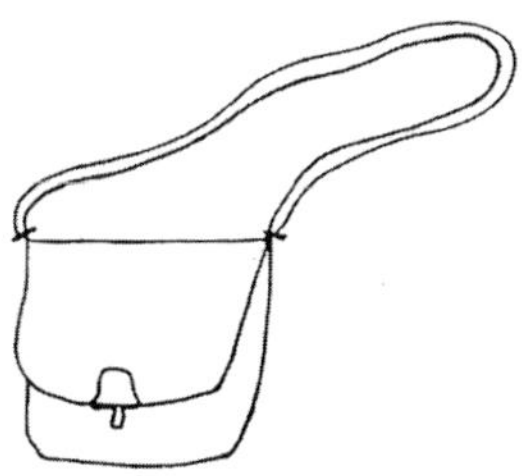

K-SDT 물건

K-SDT 물건

K-SDT 장소

K-SDT 장소

K-SDT 장소

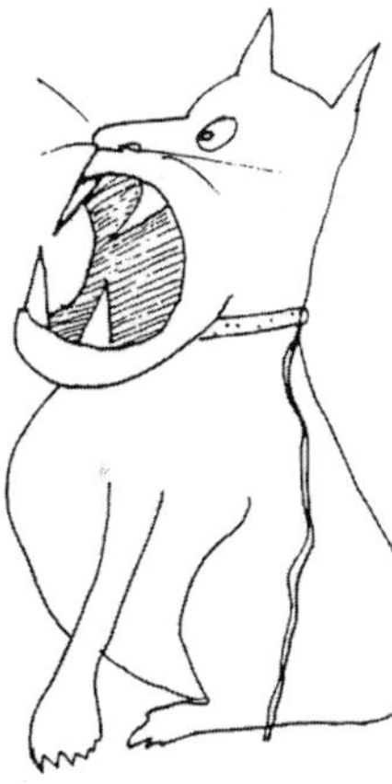

K-SDT 장소

K-SDT 장소

K-SDT 장소

K-SDT 장소

K-SDT 장소

K-SDT 장소

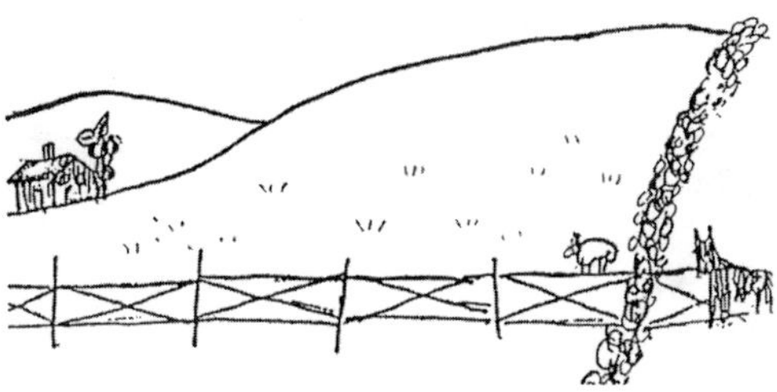

K-SDT 장소

K-SDT 장소

부록 7 K-SDT 자극그림카드(B)

상상하여 그리기

자극그림카드(B형): 15매

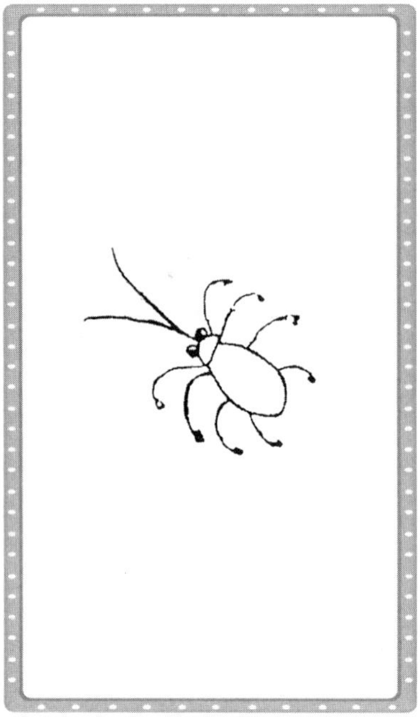

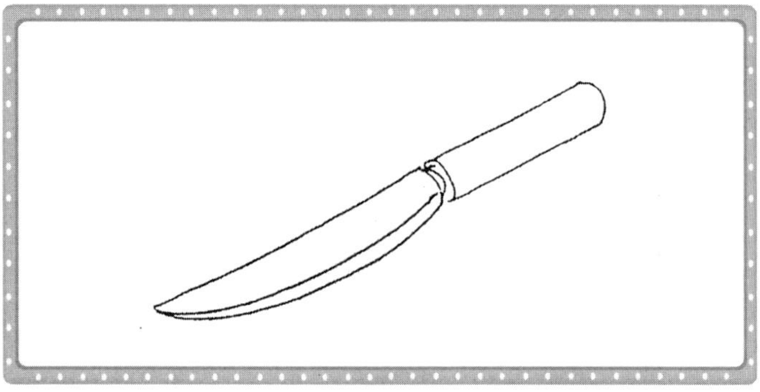

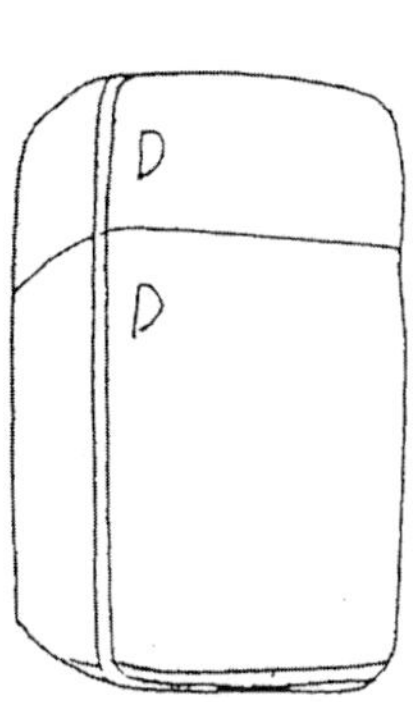

부록 8 검사결과 채점용지(개인용 A)

K－SDT
자극그림을 이용하는 사정척도
검사결과 채점용지
(개인용)

이　　름: _________ 연령: ____년 ____월 ____일생(만 ____세) 남자/여자

소속기관: ______________________ 전　화: ______________________

실 시 자: ______________________ 채점자: ______________________

▣ 예측하여 그리기 하위척도

순서________(T＝______ : %ile＝______)

수평________(T＝______ : %ile＝______)

수직________(T＝______ : %ile＝______)

합계(PDS)______(T＝______ : %ile＝______)

▣ 관찰하여 그리기 하위척도

좌우________(T＝______ : %ile＝______)

상하________(T＝______ : %ile＝______)

전후________(T＝______ : %ile＝______)

합계(DOS)______(T＝______ : %ile＝______)

▣ 상상하여 그리기 하위척도

선택________(T＝______ : %ile＝______)

조합________(T＝______ : %ile＝______)

표상________(T＝______ : %ile＝______)

합계(DIS)______(T＝______ : %ile＝______)

▣ 인지능력 총점(TOA)_______(T＝______ : %ile＝______)

부록 8-1 검사결과 채점용지(개인용 B)

상상하여 그리기 하위척도

▣ 투사(PS)____________________(T =________ : %ile________)

▣ 자아상(SS)____________________(T =________ : %ile =________)

▣ 정서특성 총점(TOE)________________(T =________ : %ile =________)

P I

주　　제: ____

제　　목: ____

특기사항: ____

재　　연: ____

부록 9 그림을 이용하는 사정기법: 검사결과 프로파일

K-SDT
그림을 이용하는 사정기법: 검사결과 프로파일

이 름: 남 | 여
학 년: 학급: 번호:
생년월일: ____년 ___월 ___일생 만 __세 __개월

	순서 SEQ	수평 HOR	수직 VER	좌우 LTR	상하 AEB	전후 RTV	선택 SEL	조합 COM	표상 REP
소 점									
T-점수									
백분위									

	SEQ		HOR		VER		LTR		AEB		RTV		SEL		COM		REP	
99		99		99		99		99		99		99		99		99		99
95		95		95		95		95		95		95		95		95		95
90		90		90		90		90		90		90		90		90		90
80		80		80		80		80		80		80		80		80		80
75		75		75		75		75		75		75		75		75		75
70		70		70		70		70		70		70		70		70		70
60		60		60		60		60		60		60		60		60		60
50		50		50		50		50		50		50		50		50		50
40		40		40		40		40		40		40		40		40		40
30		30		30		30		30		30		30		30		30		30
25		25		25		25		25		25		25		25		25		25
20		20		20		20		20		20		20		20		20		20
10		10		10		10		10		10		10		10		10		10
5		5		5		5		5		5		5		5		5		5
1		1		1		1		1		1		1		1		1		1

부록 10 검사결과 채점용지(집단용)

번호	성명	연령	성별	예측그림					관찰그림					상상그림(1)					상상그림(2)			
				순서	수평	수직	소계	등급	좌우	상하	전후	소계	등급	선택	조합	표상	소계	등급	투사	자아상	소계	등급

부록 11 K-SDT 문항분석 결과 요약: 남자 아동

척도	번호	요인	연령	0	1	2	3	4	5	N	정답률	변별도
예측	1	순서	4	1	3	3	9	13	5	34	3.32	.34
			6	0	1	1	7	24	13	46	4.02	.57
			8	1	1	1	7	20	19	49	4.06	.56
			10	1	1	1	7	27	22	59	4.10	.50
			12	1	3	1	2	27	21	55	4.07	.57
		소계		4	9	7	32	111	80	243	3.96	.51
	2	수평	4	0	11	18	3	0	2	34	1.94	.67
			6	3	8	6	17	6	6	46	2.71	.70
			8	1	14	10	4	5	15	49	2.81	.66
			10	0	8	10	8	2	31	59	3.64	.73
			12	0	1	2	5	2	45	55	4.60	.56
		소계		4	42	46	37	15	99	243	3.29	.77
	3	수직	4	3	15	2	7	7	0	34	2.00	.66
			6	0	11	3	8	17	7	46	3.13	.68
			8	0	15	7	10	10	7	49	2.73	.63
			10	0	14	6	9	19	11	59	3.12	.69
			12	0	4	2	10	11	28	55	4.04	.69
		소계		3	59	20	44	64	53	243	3.09	.73
관찰	4	좌우	4	3	2	11	6	7	3	34	2.50	.89
			6	2	1	7	5	17	14	46	3.65	.68
			8	3	1	5	5	13	22	49	3.84	.79
			10	0	2	1	9	19	28	59	4.19	.79
			12	2	0	5	1	16	31	55	4.22	.89
		소계		12	6	29	26	72	98	243	3.79	.84
	5	상하	4	3	3	4	11	10	3	34	2.91	.77
			6	3	3	10	16	10	4	46	2.85	.72
			8	1	2	13	9	11	13	49	3.35	.68
			10	0	3	8	15	20	13	59	3.54	.83
			12	1	1	5	13	22	13	55	3.69	.85
		소계		8	12	40	64	73	46	243	3.32	.75

	6	전후	4	20	8	5	2	0	0	34	.68	.57
			6	6	8	6	13	6	7	46	2.56	.67
			8	6	9	8	12	10	4	49	2.49	.82
			10	2	2	9	19	21	6	59	3.24	.84
			12	3	3	4	16	19	10	55	3.36	.91
		소계		37	29	32	62	56	27	243	2.63	.83
상상	7	선택	4	0	0	0	24	10	0	34	3.30	.65
			6	0	0	3	28	10	5	46	3.37	.83
			8	0	0	0	29	10	10	49	3.61	.79
			10	0	0	4	28	20	7	59	3.51	.83
			12	0	0	1	36	11	7	55	3.44	.80
		소계		0	0	8	145	61	29	243	3.46	.79
	8	조합	4	0	4	3	17	2	8	34	3.21	.88
			6	0	12	6	16	4	8	46	2.78	.90
			8	0	10	3	15	8	13	49	3.22	.88
			10	0	14	9	17	6	13	59	2.91	.91
			12	0	19	10	9	7	10	55	2.62	.92
		소계		0	59	31	74	27	52	243	2.93	.90
	9	표상	4	1	3	5	13	9	3	34	3.03	.90
			6	0	12	9	8	14	3	46	2.72	.91
			8	0	10	13	10	9	7	49	2.80	.93
			10	0	9	11	22	9	8	59	2.93	.91
			12	0	13	16	9	13	4	55	2.62	.90
		소계		1	47	54	62	54	25	243	2.81	.91
투사	10	주제	4	0	1	10	14	9	0	34	2.91	.85
			6	0	3	9	18	15	1	46	3.04	.88
			8	0	6	13	24	6	0	49	2.61	.76
			10	0	4	15	21	16	3	59	2.98	.77
			12	0	12	14	18	11	0	55	2.51	.80
		소계		0	26	61	95	57	4	243	2.80	.81
자아	11	환경	4	0	2	4	19	5	4	34	3.15	.90
			6	0	2	6	23	6	9	46	3.30	.91
			8	0	6	3	27	8	5	49	3.06	.85
			10	0	2	5	29	12	11	59	3.42	.77
			12	0	6	9	25	6	9	55	3.06	.84
		소계		0	18	27	123	37	38	243	3.21	.85

부록 12 K-SDT 문항분석 결과 요약: 여자 아동

척도	번호	요인	연령	0	1	2	3	4	5	N	정답률	변별도
예측	1	순서	4	1	3	4	18	15	8	49	3.37	.70
			6	2	0	1	3	30	4	40	3.78	.61
			8	2	1	1	12	21	16	53	3.83	.66
			10	0	0	0	8	22	23	53	4.28	.53
			12	0	0	0	6	27	24	57	4.32	.48
		소계		5	4	6	47	115	75	252	3.94	.67
	2	수평	4	1	10	27	6	1	4	49	2.16	.54
			6	0	14	6	7	6	7	40	2.65	.77
			8	0	15	4	9	6	19	53	3.19	.78
			10	0	5	6	6	6	30	53	3.94	.79
			12	0	1	5	9	7	35	57	4.23	.79
		소계		1	45	48	37	26	95	252	3.30	.80
	3	수직	4	7	7	0	10	25	0	49	2.77	.78
			6	1	2	6	14	16	1	40	3.13	.63
			8	0	7	4	11	26	5	53	3.34	.52
			10	0	10	1	8	25	19	53	3.42	.74
			12	1	0	1	10	27	18	57	4.04	.73
		소계		9	26	12	53	117	33	252	3.37	.71
관찰	4	좌우	4	8	1	14	13	8	5	49	2.51	.88
			6	2	1	5	1	14	17	40	3.88	.88
			8	0	1	4	1	20	27	53	4.28	.75
			10	0	0	3	1	11	38	53	4.59	.79
			12	1	0	3	7	12	34	57	4.30	.87
		소계		11	3	29	23	65	121	252	3.95	.88
	5	상하	4	6	1	13	13	11	5	49	2.76	.78
			6	1	0	8	13	13	5	40	3.30	.45
			8	0	1	6	17	18	11	53	3.60	.59
			10	0	0	4	6	21	22	53	4.15	.64
			12	1	0	3	8	25	20	57	4.04	.86
		소계		8	2	34	57	88	63	252	3.60	.75

	6	전후	4	31	1	10	4	3	0	49	.92	.72
			6	1	5	6	14	13	1	40	2.90	.65
			8	4	2	10	18	16	3	53	2.93	.81
			10	0	2	4	10	27	10	53	3.74	.74
			12	3	2	4	13	22	13	57	3.54	.90
		소계		39	12	34	59	81	27	252	2.84	.86
상상	7	선택	4	0	2	1	27	18	1	49	3.31	.93
			6	0	1	5	18	14	2	40	3.28	.72
			8	0	0	1	21	24	7	53	3.70	.68
			10	0	0	2	23	16	12	53	3.72	.81
			12	0	2	1	28	20	6	57	3.47	.72
		소계		0	5	10	117	92	28	252	3.51	.72
	8	조합	4	0	7	3	22	6	11	49	3.24	.93
			6	0	18	0	12	3	7	40	2.53	.95
			8	0	16	5	13	4	15	53	2.94	.93
			10	0	13	3	12	5	20	53	3.30	.95
			12	0	19	1	13	9	15	57	3.00	.91
		소계		0	73	12	72	27	68	252	3.02	.93
	9	표상	4	0	2	10	20	17	0	49	3.06	.91
			6	0	18	4	12	5	1	40	2.18	.95
			8	0	17	9	8	15	4	53	2.62	.93
			10	0	10	7	13	17	6	53	3.04	.90
			12	0	7	14	11	19	6	57	3.05	.82
		소계		0	54	44	64	73	17	252	2.82	.90
투사	10	주제	4	0	2	3	15	24	5	49	3.55	.87
			6	0	4	7	17	9	3	40	3.00	.93
			8	0	3	11	18	16	5	53	3.17	.91
			10	0	1	14	21	10	7	53	3.15	.91
			12	0	3	16	13	14	11	57	3.25	.94
		소계		0	13	51	84	73	31	252	3.23	.92
자아	11	환경	4	0	2	2	20	19	6	49	3.51	.87
			6	0	4	9	18	5	4	40	2.90	.93
			8	0	2	7	18	14	12	53	3.51	.92
			10	0	2	7	26	7	11	53	3.34	.92
			12	0	1	10	19	11	16	57	3.54	.93
		소계		0	11	35	101	56	49	252	3.39	.92

부록 13 K-SDT 문항분석 결과 요약: 전체

척도	번호	요인	연령	0	1	2	3	4	5	N	정답률	변별도
예측	1	순서	4	2	6	7	27	28	13	83	3.35	.55
			6	2	1	2	10	54	17	86	3.91	.59
			8	3	2	2	19	41	35	102	3.94	.59
			10	1	1	1	15	49	45	112	4.19	.51
			12	1	3	1	8	54	45	112	4.20	.52
		소계		9	13	13	79	226	155	495	3.95	.58
	2	수평	4	1	21	45	9	1	6	83	2.07	.59
			6	3	22	12	24	12	13	86	2.69	.73
			8	1	29	14	13	11	34	102	3.04	.72
			10	0	13	16	14	8	61	112	3.79	.76
			12	0	2	7	14	9	80	112	4.41	.68
		소계		5	87	94	74	41	194	495	3.30	.78
	3	수직	4	10	22	2	17	32	0	83	2.47	.75
			6	1	13	9	22	33	8	86	3.13	.65
			8	0	22	11	21	36	12	102	3.05	.58
			10	0	24	7	17	44	20	112	3.26	.72
			12	1	4	3	20	38	46	112	4.04	.70
		소계		12	85	32	97	183	86	495	3.24	.72
관찰	4	좌우	4	13	3	25	19	15	8	83	2.53	.88
			6	4	2	12	6	31	31	86	3.76	.76
			8	3	2	9	6	33	49	102	4.07	.78
			10	0	2	4	10	30	66	112	4.38	.80
			12	3	0	8	8	28	65	112	4.26	.88
		소계		23	9	58	49	137	219	495	3.87	.86
	5	상하	4	9	4	17	24	21	8	83	2.82	.77
			6	4	3	18	29	23	9	86	3.06	.63
			8	1	3	19	26	29	24	102	3.48	.66
			10	0	3	12	21	41	35	112	3.83	.78
			12	2	1	8	21	47	33	112	3.87	.86
		소계		16	14	74	121	161	109	495	3.46	.75

	6	전후	4	51	8	14	6	3	0	83	.81	.67
			6	7	13	12	27	19	8	86	2.72	.67
			8	10	11	18	30	26	7	102	2.71	.82
			10	2	4	13	29	48	16	112	3.47	.81
			12	6	5	8	29	41	23	112	3.46	.90
		소계		76	41	66	121	137	54	495	2.74	.85
상상	7	선택	4	0	2	1	51	28	1	83	3.30	.65
			6	0	1	8	46	24	7	86	3.33	.78
			8	0	0	1	50	34	17	102	3.66	.73
			10	0	0	6	51	36	19	112	3.60	.82
			12	0	2	2	64	31	13	112	3.46	.75
		소계		0	5	18	262	153	57	495	3.48	.75
	8	조합	4	0	11	6	39	8	19	83	3.22	.91
			6	0	30	6	28	7	15	86	2.66	.93
			8	0	26	8	28	12	28	102	3.08	.90
			10	0	27	12	29	11	33	112	3.10	.93
			12	0	38	11	22	16	25	112	2.81	.92
		소계		0	132	43	146	54	120	495	3.97	.92
	9	표상	4	1	5	15	33	26	3	83	3.05	89
			6	0	30	13	20	19	4	86	2.47	.93
			8	0	27	22	18	24	11	102	2.71	.93
			10	0	19	18	35	26	14	112	3.98	.90
			12	0	20	30	20	32	10	112	2.84	.86
		소계		1	101	98	126	127	42	495	2.81	.90
투사	10	주제	4	0	3	13	29	33	5	83	3.29	.88
			6	0	7	16	35	24	4	86	3.02	.90
			8	0	9	24	42	22	5	102	2.90	.87
			10	0	5	29	42	26	10	112	3.06	.84
			12	0	15	30	31	25	11	112	2.88	.89
		소계		0	39	112	179	130	35	495	3.02	.88
자아	11	환경	4	0	4	6	39	24	10	83	3.36	.88
			6	0	6	15	41	11	13	86	3.11	.92
			8	0	8	10	45	22	17	102	3.29	.89
			10	0	4	12	55	19	22	112	3.38	.85
			12	0	7	19	44	17	25	112	3.30	.89
		소계		0	29	62	224	93	87	495	3.30	.88

부록 14 K-SDT의 인지 및 정서 하위척도의 연령 및 성별 평균 및 표준편차

척도	연령	남자			여자			전체		
		N	*M*	*SD*	*N*	*M*	*SD*	*N*	*M*	*SD*
예측	4	50	7.26	1.99	49	8.33	2.60	99	7.89	2.42
	5	50	8.41	2.22	50	9.10	2.55	100	8.81	2.43
	6	40	9.55	2.45	46	9.87	2.46	86	9.72	2.45
	7	45	9.62	2.54	50	10.13	2.58	95	9.89	2.56
	8	49	9.67	2.63	53	10.36	2.68	102	10.03	2.67
	9	55	10.32	2.65	50	10.91	2.59	105	10.66	2.63
	10	59	10.86	2.66	53	11.64	2.50	112	11.23	2.60
	11	50	11.57	2.38	45	12.13	2.20	95	11.94	2.30
	12	55	12.71	2.02	57	12.58	1.88	112	12.64	1.94
	합계	453	10.35	2.91	453	10.61	2.85	906	10.48	2.88
관찰	4	50	6.09	2.95	49	6.82	3.40	99	6.17	3.20
	5	50	7.41	2.94	50	8.40	3.00	100	7.73	3.01
	6	40	9.07	2.93	46	10.08	2.50	86	9.53	2.77
	7	45	9.39	3.15	50	10.47	2.41	95	9.93	2.84
	8	49	9.65	3.32	53	10.81	2.33	102	10.25	2.89
	9	55	10.37	2.99	50	11.64	2.13	105	11.00	2.68
	10	59	10.97	2.68	53	12.47	1.94	112	11.68	2.47
	11	50	11.11	2.97	45	12.16	2.52	95	12.13	2.78
	12	55	11.27	3.24	57	11.88	2.96	112	12.58	3.10
	합계	453	9.73	3.45	453	10.39	3.45	906	10.07	3.46
상상	4	50	9.53	2.48	49	9.59	2.46	99	9.57	2.45
	5	50	9.24	2.78	50	8.80	2.89	100	9.05	2.82
	6	40	8.87	3.12	46	7.98	3.25	86	8.45	3.19
	7	45	9.29	3.14	50	8.67	3.25	95	8.99	3.20
	8	49	9.63	3.17	53	9.26	3.26	102	9.44	3.20
	9	55	9.48	3.13	50	9.66	3.33	105	9.57	3.23
	10	59	9.36	3.09	53	10.06	3.40	112	9.69	3.25
	11	50	9.89	3.12	45	9.78	3.25	95	9.40	3.19
	12	55	8.67	3.15	57	9.53	3.09	112	9.11	3.13
	합계	453	9.19	3.05	453	9.35	3.16	906	9.27	3.10

인지A	4	50	22.88	5.02	49	24.14	5.73	99	23.63	5.45
	5	50	25.07	5.49	50	25.82	5.66	100	25.52	5.61
	6	40	27.80	6.03	46	27.60	5.58	86	27.71	5.79
	7	45	28.44	6.24	50	29.12	5.14	95	28.80	5.70
	8	49	28.96	6.41	53	30.43	4.73	102	29.73	5.62
	9	55	30.18	6.19	50	32.30	5.12	105	31.23	5.79
	10	59	31.19	5.99	53	34.17	5.51	112	32.60	5.93
	11	50	31.89	5.44	45	34.07	5.33	95	32.96	5.47
	12	55	32.65	4.78	57	33.98	5.17	112	33.33	5.01
	합계	453	29.27	6.46	453	30.35	6.53	906	29.82	6.52
투사	4	50	2.91	.83	49	3.55	91	99	3.29	.93
	5	50	2.97	.88	50	3.28	99	100	3.17	.96
	6	40	3.04	.94	46	3.00	1.06	86	3.02	.99
	7	45	2.81	.89	50	3.09	1.06	95	2.96	1.00
	8	49	2.61	.86	53	3.17	1.05	102	2.90	1.00
	9	55	2.81	.97	50	3.16	1.03	105	2.99	1.00
	10	59	2.98	1.04	53	3.15	1.03	112	3.06	1.02
	11	50	2.75	1.06	45	3.20	1.13	95	2.97	1.11
	12	55	2.51	1.09	57	3.25	1.21	112	2.88	1.19
	합계	453	2.80	.97	453	3.23	1.07	906	3.02	1.04
자아	4	50	3.15	.98	49	3.51	.16	99	3.36	.96
	5	50	3.22	1.07	50	3.21	1.00	100	3.25	1.02
	6	40	3.30	1.03	46	2.90	1.08	86	3.12	1.09
	7	45	3.17	1.07	50	3.23	1.09	95	3.21	1.10
	8	49	3.06	1.07	53	3.50	1.10	102	3.29	1.10
	9	55	3.26	1.05	50	3.42	1.09	105	3.34	1.07
	10	59	3.42	1.00	53	3.33	1.07	112	3.38	1.04
	11	50	3.25	1.09	45	3.44	1.11	95	3.34	1.11
	12	55	3.05	1.18	57	3.54	1.14	112	3.30	1.18
	합계	453	3.21	1.07	453	3.38	1.08	906	3.30	1.08
정서	4	50	6.06	1.59	49	7.06	1.60	99	6.65	1.66
	5	50	6.19	1.69	50	6.50	1.80	100	6.41	1.78
	6	40	6.35	1.80	46	5.90	2.00	86	6.14	1.90
	7	45	5.98	1.67	50	6.31	1.99	95	6.17	1.87
	8	49	5.67	1.56	53	6.68	1.98	102	6.20	1.85
	9	55	6.07	1.56	50	6.58	1.95	105	6.33	18.72
	10	59	6.41	1.56	53	6.49	1.93	112	6.45	1.73
	11	50	6.00	1.70	45	6.65	2.05	95	6.32	1.93
	12	55	5.56	1.83	57	6.79	2.19	112	6.19	2.10
	합계	453	6.01	1.70	453	6.62	1.97	906	6.32	1.87

부록 15 규준

예측하여 그리기 하위척도

점수	4세		5세		6세		7세		8세	
	T	%ile	T	%ile	T	%ile	T	%ile	T	%ile
1										
2										
3					32.91	1				
4	27.28	2	31.04	6	36.04	9	34.57	5	33.02	1
5	31.37	6	35.45	15	39.18	26	37.87	20	36.14	15
6	35.45	11	39.73	23	42.31	34	40.79	27	39.26	24
7	39.53	22	42.77	33	45.44	43	44.11	38	42.38	34
8	43.61	28	45.34	40	48.58	50	46.95	46	45.50	42
9	47.59	51	49.31	64	51.71	64	49.12	59	48.62	53
10	51.77	68	53.11	70	54.85	72	52.00	70	51.74	60
11	55.85	77	56.42	79	57.98	79	55.95	75	54.86	71
12	59.93	84	60.48	86	61.12	87	59.46	83	57.99	78
13	64.01	95	64.25	93	64.25	92	62.33	90	61.11	88
14	67.09	100	66.78	98	67.38	98	65.66	96	64.23	92
15			69.26	100	70.52	100	68.21	100	67.35	100

점수	9세		10세		11세		12세	
	T	%ile	T	%ile	T	%ile	T	%ile
1								
2								
3								
4	31.85	2	32.50	4	33.11	2	33.71	2
5	35.52	13	35.57	13	36.28	14	36.90	14
6	38.11	21	38.65	20	39.43	22	40.09	27
7	41.00	31	41.73	30	42.28	32	43.28	35
8	44.12	39	44.81	35	45.44	41	46.47	46
9	48.81	52	47.88	51	48.36	58	49.66	63
10	50.96	63	50.96	63	51.38	66	52.85	68
11	54.44	69	54.04	69	55.65	71	56.04	71
12	57.36	76	57.12	74	58.61	77	59.23	0
13	60.99	86	60.19	83	61.48	87	63.42	89
14	63.87	92	63.27	91	64.66	93	65.61	95
15	67.85	100	66.35	100	67.55	100	68.80	100

관찰하여 그리기 하위척도

점수	4세		5세		6세		7세		8세	
	T	%ile	T	%ile	T	%ile	T	%ile	T	%ile
0	30.75	5								
1	33.87	8								
2	36.99	11	28.39	2						
3	38.11	18	30.11	7	27.39	3	26.25	3	25.77	2
4	40.23	27	36.62	10	34.11	6	32.38	4	30.38	3
5	46.35	45	40.23	19	37.62	9	35.84	7	33.84	7
6	49.47	59	42.84	27	40.23	20	38.29	13	36.29	11
7	52.59	70	48.46	33	44.84	27	40.75	20	38.75	20
8	55.72	78	50.07	44	46.46	33	44.21	30	42.21	28
9	58.84	87	52.68	61	48.07	44	46.66	35	45.33	31
10	61.96	90	55.29	74	52.68	61	50.12	55	48.12	52
11	65.08	93	60.90	85	57.29	74	54.58	68	52.58	67
12	68.20	95	66.52	94	64.90	85	63.03	76	62.03	75
13	71.32	100	69.13	98	67.52	94	65.49	87	63.49	85
14			72.74	100	70.13	98	68.94	96	66.94	96
15					72.74	100	70.40	100	68.40	100

점수	9세		10세		11세		12세	
	T	%ile	T	%ile	T	%ile	T	%ile
0								
1								
2								
3	23.84	1	21.84	1	19.64	3	17.64	1
4	28.23	2	26.23	2	24.33	5	22.33	4
5	31.95	3	29.95	4	27.55	4	25.55	5
6	34.00	5	33.00	5	31.78	7	29.78	6
7	36.05	7	34.05	7	33.00	9	32.00	11
8	40.10	9	38.10	9	36.23	13	35.23	13
9	43.15	19	41.15	17	39.45	16	37.45	15
10	46.20	29	44.20	26	43.68	24	42.68	23
11	50.25	43	47.25	41	46.90	38	44.90	37
12	61.30	59	57.30	57	53.13	55	50.12	54
13	62.35	68	59.35	68	55.35	66	52.35	64
14	64.40	96	63.40	94	60.58	90	58.58	88
15	66.45	100	64.45	100	62.80	100	60.80	100

상상하여 그리기 하위척도

점수	4세		5세		6세		7세		8세	
	T	%ile	T	%ile	T	%ile	T	%ile	T	%ile
0										
1										
2										
3					32.91	1				
4	27.28	2	31.04	6	36.04	10	34.57	5	33.02	1
5	31.37	5	35.45	15	39.18	26	37.87	20	36.14	15
6	35.45	11	39.76	23	42.31	34	40.79	27	39.26	24
7	39.53	22	42.77	33	45.44	43	44.11	38	42.38	33
8	43.61	28	45.34	40	48.58	50	46.95	46	45.50	42
9	47.69	51	49.31	64	51.71	64	49.12	59	48.62	53
10	51.77	68	53.11	70	54.85	72	52.00	70	51.74	60
11	55.85	77	56.42	79	57.98	79	59.46	75	54.86	71
12	59.93	84	60.48	86	61.12	87	59.46	83	57.99	78
13	64.01	95	64.25	93	64.25	92	62.33	90	61.11	88
14	67.09	100	66.78	98	67.38	98	65.66	96	64.23	92
15			69.26	100	70.52	100	68.21	100	67.35	100

점수	9세		10세		11세		12세	
	T	%ile	T	%ile	T	%ile	T	%ile
0								
1								
2								
3								
4	31.85	2	32.50	4	33.11	2	33.71	2
5	35.52	13	33.57	13	36.28	14	36.90	14
6	38.11	21	38.65	20	39.43	22	40.09	27
7	41.00	32	41.73	30	42.28	32	43.28	35
8	44.12	39	44.81	35	45.44	41	46.47	46
9	48.81	52	47.88	51	48.36	58	49.66	63
10	50.96	63	50.96	63	51.38	66	52.85	68
11	54.44	69	54.04	69	55.65	71	56.04	71
12	57.36	76	57.12	74	58.61	77	59.23	80
13	60.99	86	60.19	83	61.48	87	62.42	89
14	63.87	92	63.27	91	64.66	93	65.61	95
15	67.85	100	66.35	100	67.55	100	68.80	100

인지능력을 재는 하위척도(총점)

점수	4세		5세		6세		7세		8세	
	T	%ile	T	%ile	T	%ile	T	%ile	T	%ile
12	28.68	2								
13	30.52	5								
14	32.35	6	31.50	2						
15	34.18	8	33.23	5						
16	36.02	10	34.96	9	31.50	2				
17	37.85	11	36.69	11	33.23	5	27.36	2		
18	39.68	17	38.41	13	34.96	9	29.14	3	29.14	3
19	41.52	21	40.14	17	36.69	11	30.92	4	30.92	4
20	43.35	25	41.87	27	38.41	13	32.70	6	32.70	6
21	45.18	30	43.59	33	40.14	17	34.48	7	34.48	7
22	47.02	45	45.32	37	41.87	27	36.25	10	36.25	10
23	48.85	52	47.05	42	43.59	33	38.03	14	38.03	14
24	50.68	59	48.77	50	45.32	37	39.81	19	39.81	19
25	52.52	64	50.50	57	47.05	42	41.59	23	41.59	23
26	54.35	70	52.23	67	48.77	50	43.37	26	43.37	26
27	56.19	74	53.96	72	50.50	57	45.15	36	45.15	36
28	58.02	80	55.68	74	52.23	67	46.93	40	46.93	40
29	59.85	86	57.41	80	53.96	72	48.71	47	48.71	47
30	61.69	89	59.14	83	55.68	74	50.49	55	50.49	55
31	63.52	92	60.86	86	57.41	80	52.27	62	52.27	62
32	65.35	95	62.59	90	59.14	83	54.05	70	54.05	70
33	67.19	96	64.32	92	60.86	86	55.83	75	55.83	75
34	69.02	99	66.05	93	62.59	90	57.61	81	57.61	81
35	70.85	100	67.77	97	64.32	92	59.38	84	59.38	84
36			71.23	100	66.05	94	61.16	90	61.16	90
37					67.77	97	62.94	91	62.94	91
38					71.23	100	64.72	94	64.72	94
39							66.50	95	66.50	95
40							71.67	100	68.28	98
41									71.84	100
42										

점수	9세		10세		11세		12세	
	T	%ile	T	%ile	T	%ile	T	%ile
12								
13								
14								
15								
16								
17								
18								
19	27.08	5						
20	30.45	6						
21	32.14	7	27.08	5				
22	35.51	9	30.45	6	28.00	4		
23	37.19	13	32.14	8	31.69	6	29.36	4
24	38.88	15	35.51	10	33.72	8	31.36	6
25	40.56	16	37.19	12	35.51	10	33.36	7
26	42.25	22	38.88	15	36.77	12	35.35	8
27	43.93	30	40.56	16	39.12	14	37.35	13
28	45.62	35	42.25	22	40.93	20	39.00	17
29	47.31	40	43.93	30	41.35	24	41.34	21
30	48.99	47	45.62	35	44.77	31	43.39	29
31	50.68	53	47.31	40	46.34	38	45.32	35
32	52.36	61	48.99	47	48.01	45	47.31	43
33	54.05	64	50.68	53	50.11	51	49.36	50
34	55.73	71	52.36	61	51.00	58	51.38	57
35	57.42	76	54.05	64	53.87	64	53.34	64
36	59.11	80	55.73	71	55.53	70	55.32	70
37	60.79	89	57.42	76	57.50	75	57.36	75
38	62.48	93	59.33	80	59.02	81	59.33	82
39	64.16	96	62.79	89	61.00	89	61.20	88
40	67.85	98	65.48	93	64.33	92	63.51	94
41	70.53	100	67.16	96	66.04	98	65.35	98
42			69.53	100	68.41	100	67.32	100

정서적 특성을 재는 하위척도(투사 및 자아상)

〈투사 하위척도의 규준〉

점수	4세		5세		6세		7세		8세	
	T	%ile	T	%ile	T	%ile	T	%ile	T	%ile
1	25.41	4	26.62	8	27.62	8	28.87	9	30.97	9
2	36.15	19	38.69	26	39.69	27	40.97	31	41.95	32
3	45.89	54	46.77	60	47.77	63	48.95	66	49.90	68
4	55.64	84	56.84	86	57.84	88	58.32	90	59.81	92
5	65.38	100	66.09	100	67.91	100	68.00	100	69.95	100

점수	9세		10세		11세		12세	
	T	%ile	T	%ile	T	%ile	T	%ile
1	31.70	10	32.70	11	33.18	13	34.18	13
2	42.54	34	43.54	34	44.58	40	43.58	40
3	50.38	70	51.38	71	53.97	72	53.97	68
4	60.23	92	61.23	94	62.35	95	63.37	90
5	70.07	100	71.07	100	72.36	100	73.06	100

〈자아상 하위척도의 규준〉

점수	4세		5세		6세		7세		8세	
	T	%ile	T	%ile	T	%ile	T	%ile	T	%ile
1	24.34	5	25.57	7	26.57	7	27.23	8	28.23	8
2	33.78	12	34.75	24	35.75	24	36.28	19	37.25	16
3	43.23	59	44.93	72	45.93	72	46.34	62	47.00	61
4	52.67	88	53.11	85	54.11	85	55.39	83	56.92	86
5	64.12	100	64.29	100	65.29	100	65.45	100	66.73	100

점수	9세		10세		11세		12세	
	T	%ile	T	%ile	T	%ile	T	%ile
1	29.93	4	30.93	4	31.42	6	32.42	6
2	38.61	14	39.61	15	40.92	23	41.92	23
3	48.28	63	49.28	64	50.20	63	51.42	63
4	57.96	80	58.96	82	59.29	78	60.90	78
5	66.64	100	67.00	100	67.42	100	68.43	100

정서적 특성을 재는 하위척도(총점)

점수	4세		5세		6세		7세		8세	
	T	%ile	T	%ile	T	%ile	T	%ile	T	%ile
2	22.04	4	23.19	6	24.19	6	25.33	6	26.33	6
3	31.05	7	31.66	7	32.11	8	32.66	7	33.06	8
4	35.76	10	36.33	12	36.73	10	37.14	15	37.74	17
5	40.08	24	40.00	26	41.00	27	41.54	27	42.54	29
6	44.09	53	45.27	54	45.27	55	46.94	57	46.94	58
7	50.10	65	50.53	68	51.53	81	51.75	73	52.34	73
8	54.11	80	55.80	81	55.80	82	56.34	83	56.75	84
9	59.12	90	59.07	90	60.07	91	60.15	92	61.15	93
10	64.14	100	65.34	100	66.32	100	67.55	100	68.55	100

점수	9세		10세		11세		12세	
	T	%ile	T	%ile	T	%ile	T	%ile
2	27.35	6	28.35	6	29.09	7	30.09	7
3	33.82	9	34.12	9	34.85	9	35.05	10
4	38.19	18	38.89	20	39.22	22	39.76	23
5	42.66	29	43.66	30	43.35	31	44.35	33
6	47.43	59	47.43	60	48.11	60	48.11	62
7	52.19	76	53.19	77	53.86	78	54.86	79
8	57.96	86	57.96	87	58.62	88	58.62	89
9	61.73	94	62.73	95	62.37	96	63.37	97
10	69.50	100	70.50	100	71.13	100	72.13	100

참고문헌

김재은(1967). 인물화에 의한 지능측정. 서울: 배영사.

김재은(1981). 그림에 의한 아동의 심리진단. 서울: 교육과학사.

김태연(1985). 나무그림검사. 서울: 중앙적성출판사.

문명혜(2000). 유아 및 아동의 한국판 실버 그림검사 타당성 연구. 동아대학교 대학원 교육학 박사학위논문.

문수백, 변창진(1999). 한국판 K-ABC 매뉴얼. 서울: 학지사.

변창진(1964). 심리검사와 진단기술. 서울: 중앙적성출판사.

변창진, 문수백(1995). 인지발달과 능력의 개인차. 서울: 교육과학사.

변창진, 송명자(1995). 인지발달론적 접근. 서울: 교육과학사.

변창진, 문수백, 김영환(1999). 심리검사의 이해와 실제. 서울: 교육과학사.

변창진, 이희도, 김경린(1971). 아동의 DAP 부위 생략과 Rorschach 반응 영역의 비교. 경북대학교 교육대학원 논문집, 제2집, 29-37.

서봉연, 정보인, 최옥순(1985). 유아 아동용 그림 지능검사: 한국판 PTI 실시요강. 서울: 중앙적성출판사.

장연집, 김중술(1995). 성인화의 분석. 서울: 학지사.

전용신(1976). 인물화: 성격연구의 일방법. 서울: 문천사.

전윤식, 이영순(1986). 삐아제와 유아교육. 서울: 형성출판사.

최진승, 박노암, 문명혜(2001). 성격의 의미와 구조. 동아대학교 학생생활연구소, 학생연구, 제29집, 5-21.

최진승, 나귀옥(1995). 인지적 동기의 발달과 교육. 서울: 교육과학사.

편영자(1986). Handler의 인물화(DAP) 채점법의 타당도와 채점자간 신뢰도. 계명대학교 학생생활연구소, 학생지도, 제11집, 51-67.

Abt, I. E., & Bellak, L. (Eds.). (1959). *Projective psychology: clinical approaches to the total personality.* New York: Grove.

Allport, G. W. (1943). The ego in contemporary psychology. *Psychological Review, 50,* 451-478.

Alshuler, R. H., & Hattwick, L. B. W. (1947). *A Study of Painting and Personality of Young Children,* 2 vols. Chicago: University of Chicago Press.

Anastasi, A. (1961). *Psychological teaching* (2nd ed.). New York: Mcmillan.

Anastasi, A., & Foley, J. P., Jr. (1941). A survey of the literature on artistic behavior in the abnormal: IV. *Experimental Investigations. J. Gen. Psychol., 25,* 187-237.

Barnes, E. (1893). A study of children's drawing. *Pedagogical Seminary, 2,* 451-463.

Bender, L. (1938b). *The Bender visual motor gestalt test.* NY: The American Orthospychiatric Association.

Bender, L. (1940). The drawing of a man in chronic encephalitis in children. *J. ner. ment Dis., 41,* 277-286.

Bender, L. (1946a). *Bender Motor Gestalt Test: Cards and manual of instructions.* New York: The American Orthopsychiatric Association, Inc.

Bender, L. (1938a). A visual motor Gestalt test and its clinical use. *The American Orthopsychiatric Association Research Monograph, No. 3.*

Bender, L., & Wolfmann, A. G. (1937). The use of plastic material as a psychatric approach to emotional problems in children. *American Journal of Orthopsychiatry, 7.*

Bender, L. (1946b). *Instructions for the use of the visual-motor gestalt tests.* New York: American Orthopsychiatric Association.

Bruner, J. E. (1961). *The process of education.* Cambridge, MA: Harvard University Press.

Buck, J. N. (1948). The H. T. P., test, a qualitative scoring method. *Journal of Clinical Psychology, 4,* 151-159.

Burns, R., & Kaufman, S. H. (1972). Actions, style, and symbols in kinetic family drawings. New York: Bruner-Mazel.

Cooke, E. (1885). Art teaching and child nature. *London Journal of Education, 10.*

Cronbach, L. J. (1984). *Essentials of psychological testing* (4th ed.). San Fransicso: Harper & Row.

Erikson, E. H. (1968). *Identity: Youth and crisis.* New York: Norton.

Fanham-Diggory, S. (1972). *Cognitive process in education: A psychological preparation for teaching and curriculum development.* New York: Harper & Row.

Franklin, R. D., Allison, D. B., & Gorman, B. S. (1996). *Design and analysis of single care research.* New Jersey: Lawrence Erlbaum.

French, J. L. (1964). *The Manual, The picturial test of intelligence.* Boston: Houghton Miffilin.

Freud, S. (1953). *The interpretation of dreams. In standard edition. vol. 4. and 5.* London: Hogarth. (First German Edition. 1900).

Goldstein, G., & Hersen, M. (Eds.). (1990). *Handbooks of psychological assessment.* New York: Maxwell Macmillan Pergamon.

Goodenough, F. L., & Harris, D. B. (1950). Studies in the psychology of children's drawings, II: 1929-1949. *Psychol. Bull, 47,* 369-433.

Goodenough, F. L. (1926). *Measurement of intelligence by drawing.* New York: Harcourt, Brace, & World.

Goodenough, F. L. (1931). Children's drawings. In C. Murchison (Ed.), *handbook of child psychology.* Worcester: Clark University Press.

Gregory, R. (1992). *Psychological testing: history, principles, and applications.*

Boston: Allyn & Bacon.

Guilford, J. P. (1946). New standards for test evaluation. *Educational and Psychological Measurement, 4.*

Handler, L. (1985). The clinical use of the Draw-A-Person Test. In C. S. Nemark (Ed.), *Major psychological assessment instruments.* Boston: Allyn & Bacon.

Hoover, H. D., Dunbar, S. B., & Frisbie, D. A. (1955-1996). *Iowa Test of Basic Skills.* Chicago: Riverside.

Jakobson, R. (1964). Linguistic typology of aphasic impairment. In A. DeReuck, and M. O'connor (Eds.), *Disorders of language.* Boston: Little, Brown.

Jung, C. G. (1964). *Man and his symbols.* New York: Dell publishing.

Kaplan, R. M., & Succuggo, E. M. (1993). *Psychological testing: Principles, applications, and issues.* Belmont, California: Brooks/Cole.

Koppitz, E. M. (1968). *Psychological evaluation of children's human figure drawings.* New York: Grune & Stratton.

Levy, S. (1959). Figure drawing as a projective test. In L. E. Apt & B. Bellak, *Projective psychology: Clinical approaches to the total personality.* New York: Grove.

Machover, K. (1949). *Personality projection in the drawing of the human figure.* Springfield, Ill.: Charles C Thomas.

Machover, K. (1953). Human figure drawings of children. *J. proj. Tech., 17,* 85-91.

Machover, K. (1960). *Sex differences in the developmental pattern of children as seen in Human Figure Drawings.* In A. Rabin & M. Haworth (Eds.), Projective Techniques with children. New York, N.Y.: Grune and Stratton.

Moser, J. (1980). *Drawing and painting and learning disabilities.* Unpublished doctoral dissertation. New York: New York University.

Murphy, K. R., & Davidson, C. O. (1994). *Psychological testing: Principles and application.* New Jersey: Prentice-Hall.

Piaget, J. & Inhelder, B. (1967). *The child's conception of the space.* New York: Norton.

Piaget, J. (1970). *Genetic epistemoloty.* New York: Columbia University Press.

Raynolds, A. G., & Flagg, P. W. (1977). *Cognitive psychology.* Massachusetts: Winthron.

Ricci, C. (1887). *L'Aite dei bambini (Art of children).* Bologna, (Translate by *Maitland in Pedagogical Seminary, 3,* 1894, 302–307).

Rogers, C. R. (1962). Toward a theory of creativity. In S. J. Parnes, & H. F. Harding (Eds.), *A sourcebook for creative thinking.* New York: Charles Scribner's Sons.

Silver, R. A. (1981/1982/1986b/1989). *Stimulus drawings and techniques.* New York: Ablin Press.

Silver, R. A. (1982). Developing cognitive skills through art. In. L. G. Katz, *Current topics in early childhood education.* ERIC Clearinghouse on Elementary and Early Childhood Education. NJ: Ablex Publishing Corp.

Silver, R. A. (1983a). Identifying gifted handicapped children through their drawings. *Art Therapy, 1,* 237–243.

Silver, R. A. (1983b). *Silver drawing test of cognitive skills and adjustment.* Seattle, WA: Special Child Publications.

Silver, R. A. (1992). Gender differences in drawings, a study of self–images, autonomous subjects, and relationships. *Art Therapy, 9,* 85–92.

Silver, R. A., & Carrion, F. (1991). Using the silver drawing test in school and hospital. *American Journal of Art Therapy, 30*(2), 36–43.

Silver, R. A., & Ellison, J. A. (1995). Identifying and assessing self–image in drawing by delinquent adolescents. *The Arts in Psychotherapy, 22,* 339–352.

Silver, R. A. (1966). *The role of art in the conceptual thinking, adjustment, and aptitudes of deaf and aphasic children.* Doctoral dissertation, Columbia University, New York: UMI Dissertation Abstracts 66–8230.

Silver, R. A. (1967). *A demonstration project in art education for deaf and hard of hearing children and adult.* US Office of Education, Bureau of Research #BR 6–8598. ERIC ED # 013 009. EC # 01 177.

Silver, R. A. (1972). The transfer of cognition and attitudes of deaf and aphasic children through art. State of Illinois, Office of the Superintendent of Public Instruction, Springfield.

Silver, R. A. (1973). *A study of cognitive skills development through art experience: An educational program for language and hearing inpaired and aphasic children.* NY State Urban Education Project #147232101. ERIC ED # 084 745, EC # 060 575.

Silver, R. A. (1975a). Children with communication disorders: cognitive and artistic development. *Am. Journal of Art Therapy,* Jan, 39–47.

Silver, R. A. (1975c). Clues to cognitivc functioning in the drawings of stroke patients. *American Journal of Art Therapy, 15*(10), 3–8.

Silver, R. A. (1976a). *Shout in silence: Visual arts and deaf.* NY: The Metropolitan Museum of Art. ERIC EC # 090 292. Exhibition circulated by the Smithesonian Institution 1969–1976, currently circulated by the Junior Art Center, City of Los Angeles, CA.

Silver, R. A. (1976b). Using art to evaluate and develop cognitive skills: children with communication disorders and children with learning disabilities. *Am. Journal of Art Therapy, 16*(1), 11–19. ERIC ED # 116, 401, EC # 080793.

Silver, R. A. (1977). The question of imagination, originality, and abstract thinking by deaf children. *American Annals of the Deaf, 122*(3), 349–354. ERIC ED # 166 443, EC # 093 422.

Silver, R. A. (1978/1986a/1989). *Developing cognitive and creative skills through art.* Baltimore: University Park Press, and NY: Ablin Press.

Silver, R. A. (1979). Art as language. ERIC ED # 185 774. Exhibition circulated by the Smithsonian Institution 1979–1982, currently by the Junior Art Center, City of Los Angeles, CA.

Silver, R., Boeve, E., Hayes, K., Itzler, J., Lavin, C., O'Brien, J. et al. (1980). *Assessing and developing cognitive skills in handicapped children through art,* National Institute of Education project # G 79 0081. New York: College of New Rochelle. ERIC ED # 209878.

Silver, R. A. (1981/1982a/1986b/1989). *Stimulus drawings and techniques.* NY: Trillium Books, Florida: Ablin Press.

Silver, R. (1982b). Developing cognitive skills through art. In L. G. Katz (Ed.),, *Current topics in early childhood education* (vol. 4, pp. 143-171). Norwood, NJ: Ablex. ERIC ED # 207674.

Silver, R. A. (1983a). Identifying gifted handicapped children through their drawings. *ARTherapy, Journal of the American Art Therapy Association, 1*(10), 40-46. ERIC EJ #295 217.

Silver, R. A. (1983b). *Silver drawing test of cognitive skills and emotion.* Seattle, WA: Special Child Publications, 1983; New York: Ablin Press, 1990.

Silver, R. (1987b). A cognitive approach to art therapy. In J. Rubin (Ed.), *Approaches to art therapy* (pp. 233-250). New York: Brunner/Mazel.

Silver, R. A. (1987b). Sex differences in the emotional content of drawings. *Art Therapy, 4*(2), 67-77.

Silver, R. A. (1988a). Screening children and adolescents for depression. *American Journal of Art Thcrapy, 26,* 119-124.

Silver, R. A. (1988b). *Draw a story.* NY: Ablin Press.

Silver, R. A. (1988c). *Draw a story: Screening for depression and emotional needs.* New York: Ablin Press.

Silver, R. A. (1992). Gender differences in drawings, a study of self-images, autonomous subjects, and relationships, *Art Therapy, 9*(2), 85-92.

Silver, R. A. (1993a). Age and gender differences expressed through drawings, a study of attitudes toward self and others, *Art Therapy, 10*(3), 159-168.

Silver, R. A. (1993b). Assessing the emotional content of drawing by older adults. *American Journal of Art Therapy, 32*(2), 46-52.

Silver, R. A. (1996). Gender differences and similarities in the spatial abilities of adolescents. *Art Therapy, 13*(2), 118−120 ERIC EJ 530 390.

Silver, R. A., & Lavin, C. (1977). The role of art in developing and evaluating cognitive skills. *The Journal of Learning Disabilities, 10*(7), 416−424. ERIC EJ # 171 839, ED # 101 654.

Silver, R. A., Boeve, E., Hayes, K., Itzler, J., Lavin, C., O'Brien, J., Terner, N., & Wohlberg, P. (1980). *Assessing and developing cognitive skills in handicapped children through art.* NIE Project # G 79 0081. NY: College of New Rochelle.

Swensen, C. H. (1955). Sexual differentiation on the Draw−A−Person test. *Journal of Clinical Psychology, 11,* 37−40.

Swensen, C. H. (1957). Empirical evaluation of human figure drawing. *Psychological Bulletin, 54,* 431−463.

Swensen, C. H. (1968). Empirical evaluations of human figure drawings: 1957−1966. *Psychological Bulletin, 70*(1), 20−44.

Tiegs, E. W., & Clark, W. W. (1957). *California achievement tests.* Montery, CA: CTB: McGraw−Hill.

찾아보기

[인명]

[내용]

| 저자 소개 |

■ 문명혜

문명혜 박사는 30년 이상 미술교육에 몸담아 왔으며 화가, 미술교사, 전문상담교사, 미술치료사, 그리고 미술학과 · 교육학과 겸임교수로서 활동하였다.

미술학사(미술교육 전공), 미술석사(동양화 전공), 그리고 동아대학교에서 교육학석사 · 교육학박사(교육심리 전공) 학위를 받았고, 현재 동아대학교 교육대학원 겸임교수이자 평생교육원 미술치료사과정 · 미술영재과정 책임교수로 재직하고 있으며, 또한 개인 미술학원과 개인 미술치료센터를 운영하고 있다.

『그림을 이용한 사정기법』 외 2권의 저서, 그리고 「K-SDT 타당성 연구」「죽농의 기명절지화 연구」「ADHD 아동의 원인귀속 유형 연구」 외 3편의 논문이 있으며, 개인전 6회, 초대전 80여 회, 단체전 100여 회의 작품경력이 있다.

e-mail: m2h423@hanmail.net

K-SDT: 자극그림을 이용하는 심리검사

2010년 2월 18일 1판 1쇄 인쇄
2010년 2월 25일 1판 1쇄 발행

지은이 • 문명혜
펴낸이 • 김진환
펴낸곳 • (주) 학지사
121-837 서울특별시 마포구 서교동 352-29 마인드월드빌딩 5층
대표전화 • 02)330-5114 팩스 • 02)324-2345
등록번호 • 제313-2006-000265호

홈페이지 • http://www.hakjisa.co.kr
커뮤니티 • http://cafe.naver.com/hakjisa

ISBN 978-89-6330-291-1 93180

정가 14,000원

저자와의 협약으로 인지는 생략합니다.
파본은 구입처에서 교환해 드립니다.